2014年度教育部人文社会科学研究青年基金项目(14YJC880004)研究成果

中国数学双基教学的史与思

陈 近 著

ZHEJIANG UNIVERSITY PRESS
浙江大学出版社

图书在版编目(CIP)数据

中国数学双基教学的史与思 / 陈近著.—杭州：
浙江大学出版社,2018.12
ISBN 978-7-308-18758-9

Ⅰ.①中… Ⅱ.①陈… Ⅲ.①数学课—教学研究—中
小学 Ⅳ.①G633.602

中国版本图书馆 CIP 数据核字(2018)第 267968 号

中国数学双基教学的史与思

陈　近　著

责任编辑　石国华
责任校对　黄梦瑶
封面设计　周　灵
出版发行　浙江大学出版社
　　　　　（杭州市天目山路 148 号　邮政编码 310007）
　　　　　（网址：http://www.zjupress.com）
排　　版　杭州星云光电图文制作有限公司
印　　刷　浙江省良渚印刷厂
开　　本　710mm×1000mm　1/16
印　　张　11.25
字　　数　208 千
版 印 次　2018 年 12 月第 1 版　2018 年 12 月第 1 次印刷
书　　号　ISBN 978-7-308-18758-9
定　　价　45.00 元

浙江大学出版社市场运营中心联系方式:0571－88925591;http://zjdxcbs.tmall.com

内容摘要

"数学双基教学"是指重视数学基础知识和基本技能的教学。"数学双基教学"是一个教学系统,主要包含数学双基教学师生观、教学目的、教学内容、教学方法和教学评价等五要素,该系统存在于一定环境中,系统各要素互相作用,形成稳定结构。"数学双基教学"亦是一种教学理论,有着悠久的发展历史。依据政治史时间维度和教育史学体系进行分期,其主要历经四个历史时期:数学双基教学思想萌芽期,数学双基教学体系创立期,数学双基教学制度成型期,以及新时代背景下小学数学双基教学创新期。

数学双基教学是我国数学教学的传统特色。在当前数学教学重视"四基",强调"核心素养"的背景下,有学者认为数学双基教学仍是我国数学教学的精髓;也有学者认为"双基"的提法不能与时俱进……本研究基于历史研究视角,客观梳理我国数学双基教学发展的历史轨迹(春秋战国至今),依据路径依赖分析法理性总结其演进规律,深入剖析其演进原因,以期更好地理解我国数学双基教学的"来龙去脉",回应当前我国数学教育理论和实践中的重大问题,为我国数学课程建设和教学实践提供参考意见。

本研究主要运用了历史分析法、路径依赖分析法和系统论方法三种研究方法,解决四个主要研究问题。这四个问题与前述历史分期相呼应,分别是:(1)我国数学双基教学思想是如何萌芽的?(2)我国数学双基教学体系是如何创立的?(3)我国数学双基教学制度是如何成型的?(4)新时代背景下,我国小学数学双基教学是如何创新的?

本书第四章回应了第一个研究问题,追溯我国数学双基教学思想的萌芽。研究表明:数学双基教学思想受传统教育思想影响,有着悠久的历史。春秋战国时期讲究"正名"教学,为数学双基教学之"重视基础知识"思想打下基础;汉代强调"术"的教学,为数学双基教学之"重视基本技能"思想奠定基础。此后,重视基础知识和基本技能的数学双基教学思想出现萌芽,并呈现出重视"基础性""实用性"和"掌握性"的核心特征,该特征对数学双基教学之后的发展产生深厚影响。

本书第五章回应了第二个研究问题,分析我国数学双基教学体系的创立。研究表明:隋唐时期重视"明数造术,详明术理"的算学教学体系初步形成。"明数造术"就是掌握数学的基本概念和基本技能;"详明术理"就是理解"术"(即算法)的原理和用法。算学教学体系的初步形成意味着数学双基教学系统的初步创立,该系统包括数学双基教学师生观、教学目的、教学内容、教学方法和教学评价等要素。宋元时期,该系统得到进一步发展和完善。隋唐宋元时期我国小学数学双基教学体系的创立和完善为近现代数学双基教学制度建设奠定了基础。

本书第六章回应了第三个研究问题,以小学数学为例分析我国数学双基教学制度的成型。1904 年,清政府实施《奏定学堂章程》,即"癸卯学制",该学制是我国近代第一个由政府颁布并实施的学校教育制度;1923 年,制度层面提及教学"限度",即教学最低标准,形成数学双基教学之"基";1929 年,制度层面首次区分知识、技能维度,形成数学双基教学之"双";1942 年,制度层面首次出现关键词"基础知识技能",把"双"和"基"联系在一起;1952 年,制度层面首次规定数学"基础知识和基本技能"范畴,标志着我国小学数学双基教学制度层面的正式形成。制度的成型意味着我国数学双基教学进入稳定阶段。

本书第七章回应了第四个研究问题,分析新时代背景下我国数学双基教学的创新。21 世纪是知识经济时代,国际竞争聚焦于创新型人才竞争,而我国传统数学双基教学又出现"异化"现象,在这样的背景下,我国致力于通过"课程改革"推进传统双基教学的发展和创新。2001 年《全日制义务教育数学课程标准(实验稿)》强调"三维目标",2011 年《义务教育数学课程标准(2011 年版)》正式提出重视"四基",2014 年开始为了落实"立德树人"的根本任务,提出加强"核心素养"的培养……从"双基"到"三维目标""四基""核心素养"体现了"以知识为本"到"以人为本"教育理念的突破,强调从关注学生"学习结果"转而重视"学习过程",明确了学生所应具备的数学素养,凸显了新时代创新型人才的培养宗旨。

本书第八章在梳理前四章"历史轨迹"的基础上,依据路径依赖分析法,探寻数学双基教学演进规律及其原因。分析表明:数学双基教学的发展历经"路径发生—路径强化—路径依赖—路径创造"等四个阶段。"初始条件"促动小学数学双基教学的路径产生,在此基础上形成"稳定网络结构",推动数学双基教学路径形成并保持相对稳定;新时代背景下"内外因素"则成为数学双基教学路径创造的主要动力,促使双基教学基于原有路径形成新的"良性路径依赖"。纵观数学双基教学演进过程,存在明显的"惯性"(路径依赖性),并正在通过路径突破实现路径创造。

何谓历史的眼光? 从哲学层面上来讲,就是唯物辩证的眼光。辩证唯物主义要求人们从普遍联系和永恒发展中认识和把握事物。本研究基于历史研究视角考察数学双基教学的发展,在梳理"历史轨迹"的基础上(第四章至第七章),分析数学双基教学演进规律及原因(第八章),以便更好地理解我国数学双

基教学发展的"来龙去脉",形成对待数学双基教学之正确态度,正确指导当前
我国数学教学实践,树立我国数学双基教学之民族自信,并对数学教学的发展
趋势作出合理预测。

关键词:数学双基教学;发展;历史研究视角;路径依赖

ABSTRACT

"Two Basics Mathematics Teaching"(TBMT) is to attach importance to the basic knowledge and basic skills of mathematics teaching. TBMT is a teaching system, which mainly contains five elements including the concepts of teachers and students, teaching purpose, teaching content, teaching method and teaching evaluation. This system exists in a certain environment with the elements of the system interacting with each other to form a stable structure. TBMT is also a teaching theory, which has a long history of development. According to the time dimension of political history and the system of educational history, it has undergone four historical periods: the budding period of TBMT thought, the foundation period of TBMT system, the shaping period of TBMT institution, and the innovation period of TBMT under the new era background.

TBMT is a traditional characteristic of mathematics teaching in our country. Under the background of attaching importance to "Four Basics" and emphasizing "Key Competences" in elementary school mathematics teaching, some scholars think that TBMT is still the quintessence of mathematics teaching in our country. Some scholars also think that TBMT cannot keep pace with the time. Based on the perspective of historical research, this study objectively combs the historical track of the development of TBMT in China, sums up its evolution law rationally according to the path dependence analysis method, and deeply analyzes the reasons for its evolution, in order to better understand the "background" of TBMT, respond to the major problems in the theory and practice of primary mathematics education in our country, and provide reference for the construction of mathematics curriculum and teaching practice in elementary schools in China.

This study mainly uses three research methods, namely, historical analysis method, path dependence analysis method and system theory method, to solve four main research problems. These four problems echo the historical stages mentioned above, which respectively are: How does TBMT thought germinate? How to establish TBMT system? How does TBMT institution take shape? Under the background of the new era, how to innovate TBMT?

Chapter 4 responds to the first research question and traces back to the germination of TBMT. The research shows that the thought of TBMT has a long history under the influence of the traditional educational thought. During the Spring and Autumn period and the Warring States period, the emphasis on the teaching of "Zheng Ming" laid the foundation for the thought of "attaching importance to basic knowledge", while the teaching of "skill" was emphasized in the Han dynasty, which laid the foundation for the thought of "attaching importance to basic skills". Since then, TBMT thought has sprout, which has showed the core characteristics of attaching the importance of "fundamentality" "practicability" and "mastery". This feature has a profound influence on the development of TBMT.

Chapter 5 responds to the second research question, analyzing the establishment of TBMT system. The study shows that: during the Sui and Tang Dynasties, TBMT system is formed initially. The system includes the concepts of teachers and students, teaching purpose, teaching content, teaching method and teaching evaluation. During the Song and Yuan Dynasties, the system further developed and improved. The foundation and perfection of TBMT system in Sui, Tang, Song and Yuan Dynasties laid the foundation for the construction of TBMT institution.

Chapter 6 is in response to the third research question, analyzing the formation of TBMT institution. "Kui-Mao System" was the first schooling education system released and implemented by government in modern China in 1904. In 1923, the minimum standard of teaching was mentioned in the institutional level, which formed the "basis" of TBMT in elementary school. In 1929, the institutional level first distinguished the two dimensions of knowledge and skill, which formed the "two" of TBMT in elementary school. In 1942, the keywords "basic knowledge and skill" first appeared in the institutional level, and "two" and "basics" were linked together. In 1952, the system first stipulated the category of primary mathematics "basic knowledge and skills", which marked the formal institution formation of TBMT in primary school in China. The formation of the institution means that TBMT has entered a stable stage.

Chapter 7 is in response to the fourth research question, analyzing the innovation of TBMT under the background of the new era. The 21st century is the era of knowledge economy. The international competition is focused on the competition of innovative talents, and TBMT in our country shows the phenomenon of "dissimilation". Under such background, China is committed to promoting the development and innovation of TBMT through "curriculum reform". "Three Dimensional Goals" were emphasized in "Mathematics Curriculum Standard for Full-time Compulsory Education (Experimental draft)" in 2001. "Four Basics" were formally put forward in "Compulsory Education Mathematics Curriculum Standard (2011 edition)" in 2011. "Key Competences" came up in 2014 to implement the fundamental task of "build ethics and cultivate people"... From "Two Basics" to "Three Dimensional Goals", "Four Basics" and "Key Competences", the education concepts embody the breakthrough of "knowledge-oriented" to "student-oriented", and emphasize the change from paying attention to students' "learning result" to "learning process".

Chapter 8 explores the evolution law and its causes of TBMT on the basis of streamlining the previous four chapters on "historical track" according to the path dependence analysis method. The analysis shows that TBMT has been through four stages: path occurrence—path reinforcement—path dependence—path creation. The "initial conditions" promote the occurrence of TBMT in elementary school, and form "stable network structure" to promote the formulation of TBMT. There is obvious "inertia" (path dependence) in the evolution process of TBMT, and path creation is being realized through path breakthrough.

From a philosophical point of view, historical perspective is the view of materialistic dialectical vision. Dialectical materialism requires people to understand and grasp things from the universal connection and eternal development. From the perspective of historical research, this study examines the development of TBMT on the basis of combing the "historical track" (Chapter 4—Chapter 7). This study analyzes the evolution law and causes of TBMT (Chapter 8) in order to form a correct attitude towards TBMT, guide the current practice of mathematics teaching, and make a reasonable prediction of the development trend of mathematics teaching in elementary schools in China.

Key words: TBMT in elementary schools; development; historical research; path dependence

序 言

2015 年 5 月,上海成功获得 2020 年第 14 届国际数学教育大会(ICME-14)主办权,ICME 是国际数学教育界最高水平的国际性学术会议,由国际数学教育委员会指导每四年召开一次。成功申报 ICME-14 对于上海,乃至全国数学教育界都有着重要意义,我国数学教育的国际地位进一步得到提升。国内外众多数学教育工作者将目光聚焦在我国数学教育领域,研究我国数学教学特色已然成为时代要求。

我国数学教学特色是什么?张奠宙在《中国数学双基教学》绪论开篇提及"我国数学教育有许多特点,但是以双基教学为主要特征"。涂荣豹、杨骞、王光明等在《中国数学教学研究 30 年》中也指出:"数学双基教学是我国数学教育的特色,也是我国数学教育的优良传统。"诚然,不同时代背景下,不同学者对我国数学教学特色的内涵理解在不断丰富和拓展,但是不容置疑的是:数学双基教学一直是我国数学教育领域关注和争鸣的焦点。尤其在当下,我国数学教学重视"四基",强调"核心素养",有学者认为数学双基教学仍是我国数学教学的精髓,也有学者认为"双基"的提法不能与时俱进……

本书作者对此持客观理性的态度,基于历史研究视角,客观梳理我国数学双基教学形成和发展的历史轨迹,理性总结演进规律,并深入剖析演进原因,以回应当前我国数学教育理论和实践中的重大问题。

本书将"数学双基教学"看作一个教学系统,主要包含数学双基教学师生观、教学目的、教学内容、教学方法和教学评价等五要素,认为该系统存在于一定环境中,系统各要素互相作用,形成稳定结构。同时,本书也将"数学双基教学"看作一种教学理论,认为其有着悠久的发展历史。

本书依据政治史时间维度和教育史学体系进行分期,将我国数学双基教学发展划分为四个历史时期:数学双基教学思想萌芽期,数学双基教学体系创立期,数学双基教学制度成型期,以及新时代背景下数学双基教学创新期。值得一提的是,本书对数学双基教学思想萌芽的追溯有重大突破,指出:春秋战国时期讲究"正名"教学,为"重视基础知识"思想打下基础;汉代强调"术"的教学,为"重视基本技能"思想奠定基础,此后,重视基础知识和基本技能的数学双基教学思想出现萌芽。本书对我国数学双基教学体系的创立也有明确说明,认为隋唐时期重视"明数造术,详明术理",算学教学体系的形成意味着数学双基教学体系的创立,该体系包括数学双基教学师生观、教学目的、教学内容、教学方法和教学评价等要素。

本书在梳理数学双基教学历史轨迹的基础上，依据路径依赖分析法，探寻数学双基教学演进规律及其原因。本书采用的路径依赖分析法在方法论层面有创新意义，其基于路径依赖理论，运用其相应的分析框架来解释事物历史变迁动态过程，该法将事物的演进过程看作是路径选择、路径依赖及路径创造过程，强调路径发展过程中存在的"惯性"（路径依赖性），并重视解释事物演进过程的因果关系。本书将数学双基教学路径发展分为"路径发生—路径强化—路径依赖—路径创造"等四个阶段；认为我国传统价值取向、传统精耕农业和传统文化路向等三个"初始条件"促动数学双基教学的路径发生，在此基础上，形成"稳定网络结构"，推动数学双基教学路径形成并保持相对稳定，新时代背景下"内外因素"则成为数学双基教学路径创造的主要动力，促使双基教学基于原有路径形成新的"良性路径依赖"。纵观数学双基教学演进过程，存在明显的"惯性"（路径依赖性），并正在通过路径突破实现路径创造。

"历史的眼光"从哲学层面上来讲，就是唯物辩证的眼光，要求人们从普遍联系和永恒发展中认识和把握事物，不能用孤立、静止、片面的眼光来看待，而必须将其放到历史发展的长河中去考察，放到具体的历史背景、历史条件中去分析，这样才能看得更全面、更准确、更深入。当前，数学教育研究者和实践者应该用"历史的眼光"看待"双基教学"，形成对待数学双基教学之正确态度，指导我国当前数学教学实践。一方面，应理性继承双基教学的优良传统，不全盘否定"双基教学"；另一方面，应客观面对双基教学出现的一些"异化"现象，在新时代背景下，积极发展并超越双基教学，走出一条"基于双基，且超越双基"的有中国特色的数学教学新道路。

孔企平

2018 年 11 月

目　录

第一章　绪　论

　　绪论包括两部分：其一，介绍研究背景与意义，其中研究意义涉及直接缘由、理论意义和实践价值；其二，明确研究问题，本书依据政治史时间维度和教育史学体系进行历史分期，我国数学双基教学（以下简称"双基教学"）主要历经四个历史时期，针对这四个历史时期，本书提出四个相应的研究问题。

第一节　研究背景与意义

一、研究背景

（一）国际数学教育界对我国数学教学特色的关注

　　我国学生数学考试成绩总是居于领先地位，国际数学教育界已有共识。我国学生不但在国际数学奥林匹克竞赛中屡屡得奖，而且在各种严格的国际数学测试中遥遥领先。1989 年 IAEP（International Assessment of Education Progress）国际测试，我国 13 岁学生以 80 分的成绩位居第一；1999 年国际数学和科学测试研究（TIMMS）公布结果，新加坡、韩国、日本、我国香港位居前四位；2009 年和 2012 年国际 PISA 测试，我国上海学生的数学成绩均居第一[①]。在关注我国学生数学好成绩的同时，国际数学教育界还将注意力聚焦于中国特色数学教学。

　　2000 年，第九届国际数学教育大会（ICME-9）在日本东京举行，专设"华人数学教育论坛"研讨"华人数学教育的特色"，会后《华人如何学习数学》一书的英文版首先在新加坡出版[②]，之后中文版在南京出版[③]；2008 年，第十一届国际

[①]　胡乐乐.我国基础教育质量的国际排名、问题与改进——2015 年 PISA 结果及其对深化我国基础教育改革与发展的重要启示[J].西南大学学报（社会科学版），2018(2)：85.

[②]　Fan L H，Wong N Y，Cai J F，et al. How Chinese Learn Mathematics：Perspectives from Insiders[C]. Singapore：World Scientific，2004.

[③]　范良火，黄毅英，蔡金法，等.华人如何学习数学[C].南京：江苏教育出版社，2005.

数学教育大会(ICME-11)在墨西哥举行,会上介绍了数学教育的中国道路,会后出版《中国数学教育:传统与现实》一书[①];2010年,张奠宙先生主编的"中国数学教育研究丛书"出版,一共17册,丛书从理论和实践两个维度系统总结了我国特色数学教学的经验;2012年,第十二届国际数学教育大会(ICME-12)在韩国首尔举行,再次开设"华人数学教育论坛",会后《华人如何教数学》英文版[②]和中文版[③]相继出版。随着国际数学教育界对中国特色数学教学关注度的不断提高,2015年5月,我国上海成功获得2020年第十四届国际数学教育大会(ICME-14)主办权。ICME是国际数学教育界最高水平的国际性学术会议,由国际数学教育委员会指导每四年召开一次。成功申报ICME-14对于上海乃至全国数学教育界都有着重要意义,我国数学教育的国际地位进一步提升。在这样的国际背景下,国内外众多数学教育工作者将目光聚焦在我国数学教育领域,研究我国数学教学特色已然成为时代要求。

(二)我国数学教育界对"双基教学"的争鸣

我国数学教学特色是什么?2002年,张奠宙在《中国数学双基教学》绪论开篇提及"我国数学教育有许多特点,但是以双基教学为主要特征"[④],其中"双基教学"是指数学基础知识和基本技能的教学,这是当时比较有代表性的观点;2004年,章建跃指出数学"双基"应发展为"四基";2006年,史宁中在厦门演讲时指出应把数学中的"双基"发展成为"四基",并明确提出在"基础知识"和"基本技能"之外增加"基本思想"和"基本活动经验"[⑤];2011年,涂荣豹、杨骞、王光明等在《中国数学教学研究30年》中指出"数学双基教学是我国数学教育的特色,也是我国数学教育的优良传统"[⑥],该观点不但强调数学双基教学是"特色",而且指出数学双基教学是"传统";2013年,张奠宙在《数学教育的"中国道路"》中指出,我国数学教育特色的核心是"在良好的数学基础上谋求学生的全面发展"[⑦],该观点在强调"基础"的同时还强调"发展";当前,我国小学数学教学重视"四基",强调"核心素养",有学者认为数学双基教学仍是我国数学教学的精髓,

① 王建磐.中国数学教育:传统与现实[M].南京:江苏教育出版社,2009.

② Fan L H, Wong N Y, Cai J F, et al. How Chinese Teach Mathematics[C]. Singapore: World Scientific, 2015.

③ 范良火,黄毅英,蔡金法,等.华人如何教数学[C].南京:江苏教育出版社,2017.

④ 张奠宙,李士锜.数学"双基教学"研讨的学术综述——2002年数学教育高级研讨班纪要[J].中学数学教学参考,2003(1/2):2.

⑤ 朱雁,鲍建生.从"双基"到"四基":中国数学教育传统的继承与超越[J].课程·教材·教法,2017(1):62.

⑥ 涂荣豹,杨骞,王光明.中国数学教学研究30年[M].北京:科学出版社,2011:前言Ⅸ.

⑦ 张奠宙,于波.数学教育的"中国道路"[M].上海:上海教育出版社,2013:15.

也有学者认为"双基"的提法不能与时俱进,等等。

尽管不同时代背景下,我国数学教学特色的内涵理解在不断丰富和拓展,但是毋庸置疑的是:"数学双基教学"是我国数学教育领域一直关注和争鸣的焦点。研究者对此持客观理性的态度,结合自身优势和学科背景,试图基于历史研究视角,客观梳理我国数学双基教学形成和发展的历史轨迹,理性总结其演进规律,深入剖析其演进原因,以期更好地理解我国数学双基教学的"来龙去脉",回应当前我国数学教育理论和实践中的重大问题,为我国数学课程建设和教学实践提供参考意见。

二、研究意义

(一)澄清数学双基教学形成的时间和背景

大部分学者认为我国双基教学形成于 1952 年[①],并且深受苏联教育理论和思想的影响[②]。比如凯洛夫所编的《教育学》指出"人类积累起来的、归纳在形形色色、五花八门的科学里面的关于宇宙的全部知识,学校是不可能都传授给学生的。学校只能从全部科学知识体系中选择一些基本的东西供儿童学习"[③];又如达尼洛夫和叶希波夫所编的《教学论》指出"普通学校不可能把人类积累起来的,归纳在各门科学里的关于世界的全部知识都传授给学生。普通学校只能从全部科学知识体系中选择一些基本的知识作为教学内容"[④]。诚然,1952 年对于"双基教学"而言,是具有历史意义的重要的一年;苏联的教育教学理论对于我国数学双基教学制度的形成也起到一定的促进作用。然而,我国数学双基教学真的是 1952 年才开始形成的吗? 真的是在苏联教育理论和教学大纲基础上才形成的吗? 围绕这些问题的思考,研究者将关注点聚焦于我国数学双基教学发展历史的追溯,试图澄清我国数学双基教学形成的时间和背景,这是研究者关注我国数学双基教学历史研究的直接缘由。

(二)呈现数学双基教学的历史研究视角

苏世隆在《何谓历史眼光》一文中指出:"历史由无数事件和人物组成,对于这些事件和人物不能用孤立、静止、片面的眼光来看待,而必须将其放到历史发展的长河中去考察,放到具体的历史背景、历史条件中去分析,这样才能看得更

---

① 杨豫晖.数学双基教学的发展、争鸣与反思[J].中国教育学刊,2010(5):34—37.
② 李涛.新中国历次课程改革中的"双基"理论与实践探索[J].课程·教材·教法,2009,29(12):77—86.
③ 凯洛夫.教育学[M].陈侠,等译.北京:人民教育出版社,1957:105.
④ [苏]达尼洛夫,叶希波夫.教学论[M].北师大外语系,译.北京:人民教育出版社,1981:63.

全面、更准确、更深入。"①苏世隆这段话强调了"历史眼光"的重要性,要想把"数学双基教学"看得更全面、更准确、更深入,就需要"历史眼光",将其放到历史发展的长河中去考察,此处"历史眼光"即研究者所谓的"历史研究视角"。

历史研究视角是一种运用发展、变化的观点分析事物的视角,该视角注重梳理事物的发展阶段,在此基础上将这些阶段加以比较、联系,总结其演进规律,继而深度剖析规律背后的原因,了解事物发展的来龙去脉,为当前实践提供借鉴意义。本书呈现了"我国数学双基教学"历史研究视角,通过梳理我国数学双基教学的历史轨迹,总结数学双基教学演进的路径规律,并在此基础上剖析演进背后的原因,以期更好地理解数学双基教学的"来龙去脉",形成对待我国数学双基教学的正确态度,并对当前数学教学的发展趋势作出理性预测。这是研究者关注我国数学双基教学发展的理论意义。

(三)探寻当前数学课程建设和教学实践新思路

21 世纪是知识经济时代,知识成为重要的生产要素,其对经济增长的贡献率显著提高,明显超过其他生产要素贡献率之总和。在这样的时代背景下,国际竞争聚焦于创新型人才竞争,而创新型人才培养关键在于教育,尤其是基础教育。各个国家均在反思本国教育的基础上进行改革,我国也试图通过"课程改革"实现新时代创新型人才培养目标。数学教育领域内,在"以人为本"的课程改革理念指引下,各种教学实践活动风起云涌,如数学翻转课堂、微课、拓展课堂、全科教学等。新时代背景下"双基教学"还需要吗? 基础知识和基本技能需要掌握到何种程度? 数学教学到底该如何教? 这些与数学教学实践密切相关的问题不断涌现,迫切需要解决。

本书旨在帮助教育研究者和实践者更好地理解我国数学双基教学的"来龙去脉",形成对待数学双基教学的正确态度,一方面继承我国数学双基教学中某些优良传统;另一方面应该与时俱进,超越我国数学双基数学中某些陈旧做法,探寻当前中国特色数学课程建设和教学实践新思路。这是研究者关注我国数学双基教学发展的实践价值。

第二节　研究问题

"数学双基教学"作为一种教学理论,其形成和发展有着悠久的历史。依据政治史时间维度和教育史学体系进行分期,我国数学双基教学主要历经四个历史时期:数学双基教学思想萌芽期,数学双基教学体系创立期,数学双基教学制

---

① 苏世隆.何谓历史眼光[N].人民日报,2009-06-01(007).

度成型期,以及新时代背景下数学双基教学创新期(见图 1.1)。最早出现的是"思想",当"思想"成熟到一定程度,开始形成"系统",①当"系统"发展到一定阶段,就以"制度"的形式稳定下来。尽管思想、体系和制度在形成时间上有先后,但形成之后均处于不断"发展"状态,相互作用、彼此促进,并且在 21 世纪初出现"创新"。

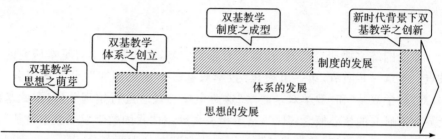

图 1.1 双基教学演进之时间轴

基于历史研究视角,本书重点在于追溯数学双基教学思想的萌芽、体系的创立及制度的成型,其所占篇幅较大;而新时代背景下小学数学双基教学的"创新"所占篇幅相对较少,主要进行了"双基教学"历史、现实与未来的沟通,凸显了本书的现实意义。与以上四个历史时期相呼应,本书提出与"历史轨迹"相关的四个主要研究问题。

1. 我国数学双基教学思想是如何萌芽的? 双基教学思想萌芽期是何时? 什么标志着双基教学思想的萌芽? 双基教学思想有何特征?

2. 我国数学双基教学体系是如何创立的? 什么是双基教学系统? 双基教学体系创立期是何时? 什么标志着双基教学体系的创立?

3. 我国数学双基教学制度是如何成型的? 什么是双基教学制度? 双基教学制度成型期是何时? 什么标志着双基教学制度的成型?

4. 新时代背景下我国数学双基教学是如何创新的? 双基教学创新期是何时? 什么标志着双基教学的创新?

值得一提的是,本书除了以上四个主要研究问题之外,还在此基础上进行了演进路径分析,主要探讨双基教学路径发展及其原因。这些"分析"旨在回应研究者一直思考的一些内在逻辑问题,如双基教学路径发展有哪些阶段,呈现怎样的规律,双基教学缘何产生,缘何保持相对稳定,新时代背景下双基教学缘何创新,等等。

---

① 杜成宪,邓明言.教育史学[M].北京:人民教育出版社,2011:73.

第二章　文献综述

　　本章围绕主要研究问题,梳理已有相关文献,在此基础上寻觅本研究的突破点。本章一共两节,第一节聚焦"数学双基教学本质研究",分为两部分:其一,对"数学双基"和"数学双基教学"这两个核心概念进行整理分析,在此基础上界定本研究的核心概念;其二,基于相关文献,对"我国数学双基教学特征"进行述评。第二节聚焦"数学双基教学历史研究",亦分为两部分:其一,对我国数学教学历史相关研究进行系统梳理;其二,从"发展和分期研究"与"原因分析"两个维度对"数学双基教学发展"相关文献进行述评和反思。

第一节　数学双基教学本质研究

一、数学双基教学的概念界定

(一)数学双基

　　2002 年,张奠宙和李士锜指出"数学'双基'指数学基础知识和数学基本技能,这是没有疑问的"[①]。2006 年张奠宙在《中国数学双基教学》绪论中再次明确"数学双基的定义是数学基本知识和基本技能,这不必也不能更改"[②]。

　　何谓"基"? 早在 1962 年,葛德生提及小学算术科的基础知识和基本技能时对"双基"中的"基"就作了本质探讨,他指出:"一、这些知识和技能,就数学学科本身来说,应该是重要的,而且是为以后继续学习所必需的;二、这些知识和技能是数学学科中以及在生活、生产中常用到的;三、这些知识和技能,对学生的培养和发展来说,是有需要而又有可能的。"[③]该提法从数学学科、生活应用和

---

　　① 张奠宙,李士锜.数学"双基教学"研讨的学术综述——2002 年数学教育高级研讨班纪要[J].中学数学教学参考,2003(1/2):2.

　　② 张奠宙.中国数学双基教学[C].上海:上海教育出版社,2006:1.

　　③ 葛德生.小学算术基础知识教学和基本技能训练[M].南京:江苏人民出版社,1962:1.

学生发展等三个角度诠释了"基",对本研究很有借鉴意义。

何谓"数学基本知识和基本技能"? 我国"数学双基"的教学实践历史悠久，"数学基本知识和基本技能"的内涵也在不断丰富和发展。我国大多数学者认为"数学双基"概念是在1952年颁布的《中学数学教学大纲(草案)》中首次提出的。该草案模仿苏联教学大纲，强调要"教给学生数学的基础知识，培养他们应用这种知识来解决各种实际问题所必需的技能和熟练技巧"①。同年，《小学算术教学大纲(草案)》亦指出要"保证儿童自觉地和巩固地掌握算术知识和直观几何知识；使他们(儿童)获得实际运用这些知识的技能；培养和发展儿童的逻辑思维"②。不难发现，两份草案中提及的"数学基础知识"均指向"基础性数学本体知识"；而"数学基本技能"则是指"应用数学基础知识来解决社会生活、生产中各种实际问题"。在我国古代、近代，乃至新中国成立初期的数学教学史上，这种对"数学基本技能"内涵的理解一直存在，并且由于中国传统数学是一种算法体系③，其以解决社会生活、生产中的实际问题为目的，具有很强的实用性，故中国传统数学更重视"数学基本技能"。

1962年《小学算术基础知识教学和基本技能训练》中指出："小学算术教材里讲的概念和规律(包括定义、公式、运算定律、运算性质、计算法则、解题步骤、画简单几何图形及测量的方法等)叫作基础知识；与之相关的计算、画图、测量叫作基本技能。可以这么说，所谓基础知识是从理解概念和规律的角度上来讲的，所谓基本技能是从运用概念和规律的角度上来讲的。"④此处所指"数学基础知识"的内涵和外延更加清晰，而"数学基本技能"的内涵已然发生变化，这里的"基本技能"已不限于"实际应用"，而与"基础知识"融为一体，相辅相成。⑤

1992年《九年义务教育初级中学数学教学大纲》中提及基础知识主要是指数学"概念、法则、性质、公式、公理、定理以及由其内容所反映出来的数学思想和方法"；基本技能是指"按照一定的程序和步骤进行运算、作图、画图和进行简单的推理"。⑥

2003年，田中和徐龙炳从概念内涵和外延两个角度分别对"基础知识""基

① 课程教材研究所.20世纪中国中小学课程标准、教学大纲汇编(数学卷)[G].北京:人民教育出版社,2001:355.

② 课程教材研究所.20世纪中国中小学课程标准、教学大纲汇编(数学卷)[G].北京:人民教育出版社,2001:55.

③ 欧阳维诚.试论《周易》对中国古代数学模式化道路形成及发展的影响——兼谈李约瑟之谜[J].周易研究,1999(4):86—96.

④ 葛德生.小学算术基础知识教学和基本技能训练[M].南京:江苏人民出版社,1962:1—2.

⑤ 田中,徐龙炳.我国中学数学"双基"教学的历史沿革初探[J].常熟高专学报,1999,13(4):15.

⑥ 中华人民共和国教育部.九年义务教育初级中学数学教学大纲[S].北京:人民教育出版社,1992:6.

本技能"进行了解读。先来看"基础知识",从概念内涵角度,把是否划为基础知识的因素视为变量,指出这些变量包括:A——参加现代生产劳动和适应现代社会生活所必需;B——学习其他现代科学文化知识所必需;C——进一步学习数学的后继知识所必需;D——对形成科学世界观及培养良好的思想品德和个性品质所必需;E——为大多数学习者经过努力可接受;F——为升入高一级学校继续学习,衔接知识所需要;F——其他人文或地域的差别(如民族、地区)的影响。从概念外延角度,认为数学"基础知识"包括三个范围:知识——概念、公式、公理、定理、推论、法则、性质、符号等;方法——消元法、换元法、配方法、待定系数法、数学归纳法、坐标法、图像法、分析法、综合法、演绎法、反证法等;思想——化归、变换、集合等。① 再来看"基本技能",从概念内涵角度,田中等指出技能包括智慧技能、认知策略和动作技能,而数学技能基本上是前两类;从概念外延角度,田中等认为数学基本技能主要包括推理、运算和作图。②

2004年,郑毓信提出"数学双基"的"结点说"。他基于认知角度,将数学的命题、概念、法则、公式等看成概念网络或知识网络中的结点,然后依据结点连接的广泛程度判定其重要性,进而区分出"数学基础知识";同时,他依据问题解决时"产生式系统"应用的广泛程度,区分出"数学基本技能"。③

"数学双基"概念随着时代的变化不断发展,存在两种主要趋势:第一种是"双基"名称保持不变,依据时代变化扩充"双基"内容;第二种是"双基"名称发生变化,如"三基""四基"等。④ 章建跃在2004年指出数学"双基"应发展为"四基";史宁中在2006年厦门演讲时亦指出应把数学中的"双基"发展成为"四基",并明确指出在"基础知识"和"基本技能"之外,增加"基本思想"和"基本活动经验"。⑤

不同时代的不同学者基于不同视角对"数学双基"有着不同的解读,"数学双基"的内涵和外延也在不断丰富和发展。因本研究基于历史研究视角,故倾向于将"数学双基"放在特定历史背景中加以解读:从内涵上看,"数学双基"即"数学基础知识和基本技能",其中"数学基础知识"是指当时历史背景下数学领域各种基础性本体知识;"数学基本技能"则是指当时历史背景下"应用数学基

① 田中,徐龙炳,张奠宙.数学基础知识、基本技能教学研究探索[M].上海:华东师范大学出版社,2003(5):14—17.

② 田中,徐龙炳,张奠宙.数学基础知识、基本技能教学研究探索[M].上海:华东师范大学出版社,2003(5):18.

③ 郑毓信,谢明初."双基"与"双基教学":认知的观点[J].中学数学教学参考,2004(6):2.

④ 严家丽,王光明.60年来数学双基教学研究反思[J].课程·教材·教法,2010(30):9.

⑤ 朱雁,鲍建生.从"双基"到"四基":中国数学教育传统的继承与超越[J].课程·教材·教法,2017(1):62.

础知识来解决社会生活、生产中各种实际问题"。从外延上看,尽管不同时期不同历史背景下,对"基"的解读标准有所差异,但本研究认为"数学双基"应满足两个条件:其一,这些知识和技能应是当时所处历史时期相关的数学学科的基础知识和基本技能,为进一步学习数学奠定基础;其二,这些知识和技能应是当时社会生活、生产所必需的与数学相关的基础知识和基本技能。

(二)数学双基教学

"数学双基教学"即重视数学基础知识和基本技能的教学。前面已经提及,不同学者对"数学双基"内涵和外延的解读有所不同,但是学者们对于"重视数学基础知识和基本技能的教学"形成共识。那么,"数学双基教学"的本质到底是什么? 不同的学者亦有着不同的观点。

先来看学者们对"双基教学"本质的解读,董远骞、汪潮、李涛等学者认为"双基教学"是一种教学理论。1984 年,董远骞在《教学论》中专辟章节"双基论",从"双基"的依据、特性等维度阐述"双基论",并指出"双基论"是充满活力的理论,这是从我国教改经验和国外有用经验中汲取营养、不断充实的理论;[①]1996 年,汪潮等在《"双基论"的回顾与反思》中指出我国已经形成"双基教学理论",该理论"把基础知识和基本技能作为普通中小学教学内容的核心",[②]该理论"植根于中国大地,对我国当代的课程实践产生了深刻的影响";2009 年,李涛在《新中国历次课程改革中的"双基"理论与实践探索》一文中提及"双基理论是在新中国 60 年的教育实践中形成的具有中国特色的课程理论",初创期深受苏联教育教学理论的影响。[③] 不难发现,这些学者均认为"双基教学"是一种理论。

再来看学者们对"数学双基教学"本质的不同观点,张奠宙、张煜胤等学者倾向于把"数学双基教学"看作一种教学理论。张奠宙在《中国数学双基教学》的绪论中阐释了数学双基教学的理论框架,他指出数学双基教学包括纵向三个层次,分别是:双基基桩建设,双基模块教学,双基平台。其中双基模块教学是关键,其主要做法是:把"知识点"经过联结,形成"知识链",然后通过"变式教学"构成"知识网络",再提炼为"数学思想方法",最终形成知识模块。在掌握双基模块的基础上,寻求双基的发展,这就是"双基平台"。张奠宙十分重视"双基平台"和"双基基础上的发展",他认为"数学双基教学"作为一个特定的名词,其内涵不只限于双基本身,还包括在数学双基之上的发展。启发式、精讲多练、变式练习、提炼数学思想方法等都属于"发展"的层面,却又和数学双基密切相关。

①　董远骞,张定璋,裴文敏.教学论[M].杭州:浙江教育出版社,1984:126.
②　汪潮,吴奋奋."双基论"的回顾与反思[J].课程·教材·教法,1996(12):5.
③　李涛.新中国历次课程改革中的"双基"理论与实践探索[J].课程·教材·教法,2009,29(12):77—86.

张奠宙明确指出:"中国数学双基教学,是关于如何在'双基'基础上谋求学生发展的教学理论。"①张煜胤等学者在《论中国数学双基教学的本质内涵》中指出"我们应把有显著成效的、符合国情的、适应中国师生意愿的、能贯穿于教学全过程的教学思想、方法、程序予以全面系统地研究,作出理性的科学分析,揭示出数学双基教学的内涵意义,构建起数学双基教学的理论体系"②。这些学者都把"数学双基教学"视为一种教学理论,试图构建数学双基教学的理论框架和体系。

郑毓信、邵光华、顾泠沅、钱美兰等学者倾向于把"数学双基教学"看成一种教学方法或教学模式。③ 郑毓信在《"双基"与"双基教学":认知的观点》中指出"背诵定义、公式,重复操练,重视变式练习,精讲多练,讲深讲透,熟能生巧"④等各种教学方法被看作与"数学双基教学"有直接联系,或者说,这些方法是构成"数学双基教学"的必然要求。邵光华、顾泠沅等学者认为"双基教学是注重基础知识、基本技能教学和基本能力培养的,以教师为主导、以学生为主体的,以学法为基础,注重教法,具有启发性、问题驱动性、示范性、层次性、巩固性特征的一种教学模式"⑤。钱美兰在《有效教学理论下的数学双基教学和数学变式教学》中提及"数学双基教学模式",认为该模式有六个教学环节,分别是:旧知复习新课导入—带着新问题新知探究—例题分析与讲解—作业巩固小结—课堂小结—课后作业布置,并且指出各个环节的目的和要求需清晰明确。⑥

邝孔秀、宋乃庆等学者倾向于把"数学双基教学"看成一种教学体系。邝孔秀、宋乃庆在《新课程背景下的小学数学双基教学:现状与反思》中基于"国培计划"小学数学骨干教师研修班的调查,从教学目的、教学内容、教学方法和师生关系等四个方面刻画"数学双基教学",指出:"我国小学数学双基教学在教学目的上仍以升学为基本指向,注重常规问题解法的掌握,追求解题速度,而问题解决能力、对数学的兴趣等仍未得到足够的重视;教学内容以教材为主要来源,注意引入数学故事和趣味活动,课内外练习并不明显以常规数学题、模仿性练习为主;教学方法重视学习教材,常用问答式教学,知识新授既重视复习、教师讲解,也重视适当引入教学情境,变式、小步子、一题多解、提炼解题模式等解题教学经验得到了继承,但给学生思考的机会和时间不够;教师在师生关系中仍居主导地位。"可见,邝孔秀、宋乃庆等学者把"数学双基教学"视为一个教学系统,而教学目的、教学内容、教学方法和师生关系等则是"数学双基教学"的四个要

① 张奠宙.中国数学双基教学[M].上海:上海教育出版社,2006:1.
② 张煜胤,石俊,葛永祥.论中国数学双基教学的本质内涵[J].科学大众,2007(7):25.
③ 张奠宙.中国数学双基教学理论框架[J].数学教育学报,2006(3):1—3.
④ 郑毓信,谢明初."双基"与"双基教学":认知的观点[J].中学数学教学参考,2004(6):4.
⑤ 邵光华,顾泠沅.中国双基教学的理论研究[J].教育理论与实践,2006(3):48.
⑥ 钱美兰.有效教学理论下的数学双基教学和数学变式教学[J].海峡科学,2015(11):99.

素,该观点对本研究有一定的借鉴意义。

本研究认为"数学双基教学"是指重视数学基础知识和基本技能的教学,其思想之核心特征是重视"基础性""实用性"和"掌握性"。本研究基于前人的分析,从横向和纵向两个维度对"数学双基教学"的本质进行剖析。从横向看,"数学双基教学"是一个教学系统,主要包括数学双基教学师生观、教学目的、教学内容、教学方法和教学评价等五要素,该系统存在于一定环境中,系统各要素互相作用,形成稳定结构。从纵向看,"数学双基教学"是一种教学理论,该理论的形成和发展有着悠久的历史,并且主要历经四个历史时期:数学双基教学思想萌芽期,数学双基教学体系创立期,数学双基教学制度成型期,以及新时代背景下数学双基教学创新期。

二、数学双基教学的特征研究

张奠宙、田中等学者在《中国数学双基教学》一书中总结了我国数学双基教学的四个特点:记忆通向理解形成直觉,运算速度保证高效思维,逻辑演绎保持严谨准确,"重复"通过变式得以发展。[①] 这里提及的"记忆""理解""直觉""速度""准确""重复""变式"等词汇是对我国数学双基教学特征的典型概括。

邵光华、顾泠沅等从"外部特征"和"内隐特征"两个维度对双基教学的特征进行了概括,指出:双基教学外部结构特征包括课堂结构、课堂控制、教学目标、课程观和理论体系的开放性等五个方面;双基教学内隐特征则包括启发性、问题驱动性、示范性、层次性和巩固性等五个方面。[②]

张煜胤等从数学双基教学的理性基础观、数学双基教学的文化整合观和数学双基教学注重科学发展观三方面探讨数学双基教学的特征。在谈及数学双基教学的理性基础观中指出:"数学双基教学从教育意义上应具备几个交融性特征作用:速度确定效率意义;记忆顺化理解意义;表述顺应逻辑发展意义;题型加方法生成熟练意义;问题变式衍化能力增长意义;引导控制孕育成功的意义。"[③]

童莉、宋乃庆等在《彰显数学教育的基础性——美国数学课程焦点与我国"数学双基"的比较及思考》一文中对中美数学教育进行比较,明确了数学双基教学在"目的提出"和"内容选取"上表现出来的重视"掌握性"和"经验性"的特征,指出:在目的提出上,数学双基教学主要是"使教师明确教的内容,使学生明确学的内容,通过教师的教和学生的学,最终使学生掌握这些基本数学知识与

① 张奠宙.中国数学双基教学[M].上海:上海教育出版社,2006:50.
② 邵光华,顾泠沅.中国双基教学的理论研究[J].教育理论与实践,2006(3):48—52.
③ 张煜胤,石俊,葛永祥.论中国数学双基教学的本质内涵[J].科学教育研究,2007(7):25—26.

技能,为学生的进一步发展打好坚实的基础",并且较多使用知识与技能的目标动词"掌握";在内容选取上,数学双基教学往往是以"是否有利于学生的进一步发展,是否有利于解决日常生活生产问题,是否为人们逐渐达成的共识来确定的"。[①]

张红从教学文化的角度对数学双基教学的特征进行了分析,指出我国数学双基教学根植于自己的文化传统,其教学文化的特色表现为:课堂上,教师讲启、学生听练是数学双基教学课堂的主要组织形式;教学活动上,系统讲解、解题、复习、变式练习、考试等成为常规教学活动,构成了数学双基教学的一道道独特的文化风景;教学关系上,表现出学生服从教师,学习围绕教学的特点,而师生对大纲教材的一种服从关系也是数学双基教学文化的一个特色。[②]

从以上关于我国数学双基教学的特征分析中可看出,一部分学者是从我国数学教学实践出发总结数学双基教学的特色,一部分学者或者从历史文化的角度,或者从中西比较的角度来剖析双基数学教学特征。本研究基于历史研究视角,将我国数学双基教学放在历史的、国际的背景中,纵向考察其历史发展轨迹,横向分析其与西方数学教学之差异,从而更好地理解并诠释我国数学双基教学之特征,并在此基础上概括我国数学双基教学思想之核心特征。

第二节　数学双基教学历史研究

一、我国数学教学历史研究

我国数学教学史的研究成果比较丰富,李俨、严敦杰、马忠林、李迪、代钦、王权、张奠宙等学者的成果不但为本研究提供了丰富的史料支持,而且还呈现了历史分期的依据和史学研究的视角。

李俨(1892—1963 年)是我国著名的数学史学家,他不仅是我国数学史研究的奠基人之一,而且也是我国数学教育史研究的开创者之一。李俨可谓系统介绍和研究自远古至清代末期两千多年的我国数学教育史的第一人,他自 20 世纪 30 年代就开始了对我国数学教育史的研究,至今尚未发现在李俨之前关于该领域的其他人的研究成果。他的有关数学教育史的研究成果都汇集在《中算

---

① 童莉,宋乃庆.彰显数学教育的基础性——美国数学课程焦点与我国"数学双基"的比较及思考[J].课程·教材·教法,2007(10):89-92.

② 张红.我国数学双基教学文化的特色及其继承和发展[J].数学教育学报,2009(6):10—12,22.

史论丛》第四卷中①,为本研究提供了部分史料。

严敦杰(1917—1988 年)在《数学通报》上连载了《中国数学教育简史》②,从社会制度、生产力水平、中国传统思维、意识形态的斗争和数学认识论等方面理性地考察了我国数学教育史。首先,他把我国数学教育史划分为三个发展时期:第一个发展时期为古代数学教育史(春秋战国—1840 年);第二个发展时期为近代数学教育史(1840—1949 年);第三个发展时期为现代数学教育史(1949—1965 年)。其次,论述了我国古代数学教育的文化特征、数学教育的培养目标和目的、数学教育制度的性质、数学教育形式、数学认识论等问题。最后,在对我国近代数学教育史的论述中,主要论述了外国传教士对我国数学教育的影响,西方实用主义教育思想的传入和华蘅芳的数学教育观点等。严敦杰重视从中国文化、哲学思想等方面来研究我国数学教育史,为本研究拓展了研究视角。

马忠林等学者的《数学教育史》将我国数学教育史的发展划分为七个发展阶段,即夏、商时代的萌芽时期;周、秦时代的成长时期;汉、魏时代的发展时期;唐、宋时代的繁荣时期;元、明、清时代的普及时期;清末民国时代的现代数学教育时期;1949 年以后的迅猛发展与国际接轨时期。③ 该书主要论述了每个发展阶段的数学教育制度、数学教学内容、数学教科书、数学教育形式、社会发展和文化对数学教育的影响,等等。

李迪、代钦的《中国数学教育史纲》纲领性地讨论了我国的数学教育史,并将我国数学教育发展史分为三个大的历史阶段,即古代阶段——从周代到明末,过渡阶段——从明末到清初,现代阶段——从清末到现代,④为系统研究我国数学教育史提供了合理的框架结构。李迪的两部数学史力作《中国数学史简编》⑤和《中国数学通史》(上古到五代卷⑥,宋元卷⑦,明清卷⑧)中也有相关的数学教育史方面的论述。

王权主编的《中国小学数学教学史》⑨是一部重要的研究我国小学数学教学史的著作,该书在简要介绍我国各个时期的数学教育制度、数学成就及特点、社

① 李俨. 筹算制度考[C]//中算史论丛(第四集). 北京:科学出版社,1995:1—8.

② 严敦杰. 中国数学教育简史[J]. 数学通报,1965(8)(9).

③ 马忠林,王鸿钧,孙宏安,等. 数学教育史[M]. 南宁:广西教育出版社,2001.

④ 李迪,代钦. 中国数学教育史纲[C]//中日近现代数学教育史. 日本大阪:ハンカイ出版印刷株式会社,2000.

⑤ 李迪. 中国数学史简编[M]. 沈阳:辽宁人民出版社,1984.

⑥ 李迪. 中国数学通史:上古到五代卷[M]. 南京:江苏教育出版社,1997.

⑦ 李迪. 中国数学通史:宋元卷[M]. 南京:江苏教育出版社,1999:99—176.

⑧ 李迪. 中国数学通史:明清卷[M]. 南京:江苏教育出版社,2004.

⑨ 王权. 中国小学数学教学史[M]. 济南:山东教育出版社,1995.

会发展对数学教育的影响、数学教科书等内容的基础上,以一系列重要文献为线索,详细论述了各个时期的小学数学教学法及其特点。该书还提及唐代"明数造术"就是要求掌握数学的基本概念和"术"的基本技能,这种教学要求与现代小学数学教学中注重"双基"的要求有类似之处。① 该提法为本研究追溯小学数学双基教学的形成提供了宝贵的史料支持。

张奠宙的研究成果具有以下显著特点:首先,前瞻性研究,如《数学教育经纬》②中的《中国数学教育的文化传统和未来走向》和《近代数学教育史话》③中的《中国数学教育应当走向世界》等文章提出的观点和建议对我国数学教育的改革发展具有重要的参考价值;其次,从文化根源上考察我国数学教育史,如《数学教育经纬》中的《可以说"东亚数学教育学派"吗》《华人地区数学教育的成功与不足》《中国数学教育的文化传统和未来走向》《清末考据学派与中国数学教育》以及在《华人如何学习数学》④序言中一直强调从文化根源来审视我国数学教育的过去、现在和未来;最后,专题研究,如张奠宙编的《中国数学双基教学》不但为本研究提供了史料和素材,而且为本研究开拓了研究视角。

二、数学双基教学的发展研究

(一)数学双基教学发展与分期研究

关于数学双基教学的历史研究主要聚焦在 1952 年以后,我国大部分学者认为数学双基教学形成于 1952 年,并且深受苏联教育理论和思想的影响。

1999 年,田中、徐龙炳等在《我国中学数学"双基"教学的历史沿革初探》中明确指出数学双基教学"最早可以追溯到教育部 1952 年 3 月 18 日颁行的《中学暂行规程(草案)》"⑤,并且将新中国成立后数学教育的发展分为五个阶段来探讨数学双基教学的历史演变。第一阶段:新中国数学教育的启动阶段(1950—1953 年);第二阶段:数学教育的探索阶段(1953—1958 年),该阶段主要参考苏联教学大纲,为科学地阐明和落实数学双基教学奠定了基础;第三阶段:数学教育体系形成阶段(1959—1966 年),该阶段我国数学双基教学得到实质性加强;第四阶段:数学教育的破坏和复苏阶段(1966—1976 年),该阶段数学双基教学和研究都没有任何实质性进步;第五阶段:数学教育的重建和发展阶段(1978 年至今),该阶段是数学双基教学的成熟期。

---

① 王权.中国小学数学教学史[M].济南:山东教育出版社,1995:29.
② 张奠宙.数学教育经纬[C].南京:江苏教育出版社,2003.
③ 张奠宙.近代数学教育史话[M].北京:人民教育出版社,1990.
④ 范良火,黄毅英,蔡金法,等.华人如何学习数学[C].南京:江苏教育出版社,2006.
⑤ 田中,徐龙炳.我国中学数学"双基"教学的历史沿革初探[J].常熟高专学报,1999,13(4):14.

2006 年,邵光华、顾泠沅等在《中国双基教学的理论研究》中提出数学双基教学起源于 20 世纪 50 年代,在 60—80 年代得到大力发展,80 年代之后,不断丰富完善。同时,他们指出"探讨双基教学的历程,从根本上讲,应考察教学大纲"①,因为我国数学教学历来以"纲"为本,大纲中对知识和技能要求的演进历程也是数学双基教学理论的形成轨迹。

2010 年,杨豫晖在《数学双基教学的发展、争鸣与反思》中描述了数学双基教学的形成和发展。他指出:自 1952 年以来,数学双基教学经历了产生、形成和发展的过程,大致可分为以下五个阶段。② 阶段一,大纲首次提出"基础知识",教材、教学中有了"双基"(1952—1956 年);阶段二,大纲逐步形成"双基",教材、教学体现双基教学(1963—1982 年);阶段三,明确界定"双基",教材、教学强化"双基"(1986—1988 年);阶段四,大纲细化"双基",双基教学异化加重(1992—2000 年);阶段五,课标坚持"双基",但双基教学似乎弱化(2001 年至今)。杨豫晖对数学双基教学的阶段划分具有一定代表性。

2017 年,朱雁、鲍建生等在《从"双基"到"四基":中国数学教育传统的继承与超越》中回顾了数学双基教学的历史演进,他们提及的"五阶段说"是学术界较为公认的一种划分,③并且朱雁等指出大多数学者认为,首次在我国的教学大纲中明确提出基础知识和技能的是 1952 年的《中学数学教学大纲(草案)》。

我国大部分学者认为数学双基教学形成于 1952 年,并且深受苏联教育理论和思想的影响。研究者在史料梳理和分析过程中发现,我国传统数学教学和数学双基教学有着许多相似之处,不禁产生疑惑:我国数学双基教学真的是 20 世纪 50 年代的新生事物吗? 真的是学习苏联教育教学理论后才形成的吗? 体现"双基"实质的教学是否由来已久? 其萌芽于哪个时期? 是如何一步步慢慢发展的? 这些都是值得进一步研究和探索的问题。

(二)数学双基教学演进原因研究

关于数学双基教学的演进原因,多数学者着眼于从"传统文化"剖析数学双基教学的产生渊源,也有学者从"现实土壤"分析双基教学的产生原因。

张奠宙等学者在《中国数学双基教学》一书中探讨了数学双基教学的文化渊源:其一,精耕细作的农耕文化的影响;其二,儒家文化的影响;其三,考试文化的影响;其四,考据文化的影响;其五,传统教育文化的影响。④ 这五个方面概

---

① 邵光华,顾泠沅.中国双基教学的理论研究[J].教育理论与实践,2006(3):51.

② 杨豫晖.数学双基教学的发展、争鸣与反思[J].中国教育学刊,2010(5):34—37.

③ 朱雁,鲍建生.从"双基"到"四基":中国数学教育传统的继承与超越[J].课程·教材·教法,2017(1):62—68.

④ 张奠宙.中国数学双基教学[M].上海:上海教育出版社,2006:1—213.

括相对全面,具有一定代表性。童莉、宋乃庆等学者认为"从黄河的麦地文化到江南的稻作文化(注重精耕细作,重视基本生产技能),从儒家文化(侧重基础的把握与训练)、科举考试文化(检验基础的知识与能力)、考据文化(重视证据、逻辑推断)到今天的高考对双基的重点考查,无不体现了我国重视双基的传统"①。王延文、冯美玲等在《数学"双基"教学的现状与思考》中亦提及"儒家文化、传统数学文化与考试文化是影响双基教学目标的三个主要方面"②。邵光华、顾泠沅等学者从"文化透视"的角度分析数学双基教学的产生原因,认为:双基教学的产生有着浓厚的传统文化背景,关于基础重要性的传统观念、传统的教育思想、传统考试文化对双基教学都有着重要影响。③ 邝孔秀、宋乃庆等在《我国双基教学的传统文化基础刍议》中提到数学双基教学的形成与我国传统文化有深刻的联系,并且指出:"精耕细作的农耕文化、集权专制的政治制度、规范取向的伦理制度、代人立言的科举制度、厚德有为的人生观、经世致用的价值观、经典取向的方法论、综合辩证和直觉体悟的思维方式、注重累积的行为艺术以及在它们影响下形成的重视基础的教育传统,共同构成了我国当代双基教学的传统文化基础。"④

严家丽、王光明等学者在剖析数学双基教学的产生渊源时,不但重视传统文化的影响、历史经验的总结,而且提到数学双基产生的"现实土壤"。他们指出:"涂荣豹用知识本位的观点考察了我国数学教学的特征:注重教学具体目标;教学中长于由'旧知'引出'新知';注重对新知识的深入理解;重视解题,关注方法与技巧;重视及时巩固、课后练习、记忆有法。我国数学教学注重'数学知识点'的引入、领会、深化、记忆以及联系,具有自己的特点,这种教学环境构成了数学双基教学产生的现实土壤。"⑤

以上文献尽管关注文化传统和现实土壤对产生数学双基教学的影响,但是,我国传统文化缘何对数学双基教学产生影响? 其内在促动力是什么? 数学双基教学为什么一直保持相对稳定? 其内在"网络结构"是怎样的? 新时代背景下数学双基教学缘何创新? 其受到哪些内外因素影响? 这些问题缺少相应理论和方法论支持,有待继续深入研究。

① 童莉,宋乃庆.彰显数学教育的基础性——美国数学课程焦点与我国"数学双基"的比较及思考[J].课程·教材·教法,2007(10):89.
② 王延文,冯美玲.数学"双基"教学的现状与思考[J].天津师范大学学报(基础教育版),2003(2):35-36.
③ 邵光华,顾泠沅.中国双基教学的理论研究[J].教育理论与实践,2006(3):51.
④ 邝孔秀,宋乃庆.我国双基教学的传统文化基础刍议[J].中国教育学刊,2012(4):46.
⑤ 严家丽,王光明.60年来数学双基教学研究反思[J].课程·教材·教法,2010,30(9):64.

第三章　研究思路与方法

本章主要介绍研究思路和研究方法。研究思路围绕两部分展开：一是我国数学双基教学"历史轨迹"的追溯；二是我国数学双基教学演进的"路径分析"，包括双基教学路径发展及其原因分析。研究方法主要涉及历史分析法、路径依赖分析法、系统论方法等。

第一节　研究思路

本研究聚焦我国数学双基教学，基于历史研究视角，梳理我国数学双基教学发展的历史轨迹，总结小学数学双基教学的演进规律，并在此基础上剖析其演进原因。本研究拟从历史轨迹、路径分析两部分（见图 3.1）展开论述。

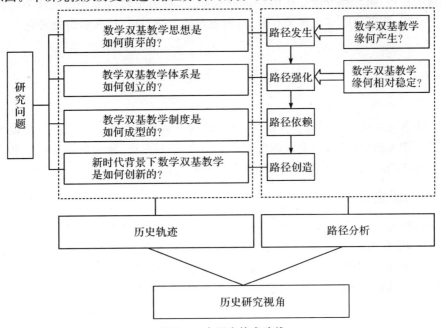

图 3.1　本研究技术路线

第一部分是我国数学双基教学发展的"历史轨迹"梳理,这部分是历史研究中最为基础的部分。本研究"历史轨迹"的梳理回应四个主要研究问题,分别是:(1)我国数学双基教学思想是如何萌芽的;(2)我国数学双基教学体系是如何创立的;(3)我国数学双基教学制度是如何成型的;(4)新时代背景下我国数学双基教学是如何创新的。本研究第四章追溯数学双基教学思想的萌芽,第五章分析数学双基教学体系的创立,第六章论述数学双基教学制度的成型,第七章探讨新时代背景下数学双基教学的创新。不难发现,前三个问题分别是关于"思想""体系""制度"之"形成"问题,主要在于了解"来龙",它们是本研究的重中之重,该权重和历史研究视角完全一致,强调寻求历史根源,揭示事物产生的最初历史背景;第四个问题是关于"创新"问题,主要在于知道"去脉",它在整个研究中所占篇幅不大,却进行了"双基教学"历史、现实与未来的沟通,凸显了本研究的现实意义。

第二部分是我国数学双基教学演进之"路径分析"。在梳理前四章"历史轨迹"的基础上,本研究第八章基于路径分析框架,探索我国数学双基教学路径发展阶段及其规律,并在此基础上进行原因分析。

不难发现,第一部分属本研究之研究重点,主要基于古籍史料进行整理分析,涉及篇幅较多;而第二部分则是本研究之研究难点,主要针对这些史料进行规律性总结和解释。如图3.1所示,本研究两部分紧密相关,第一部分是历史轨迹的梳理,第二部分建立在第一部分基础上,对历史轨迹之演进规律及原因进行分析,两部分既有史实又有分析,形成逻辑性强、整体性强的历史研究。

第二节　研究方法

本研究主要运用了历史分析法、路径依赖分析法和系统论方法等三种研究方法。作为历史研究,历史分析法是本研究的基本方法;路径依赖分析法和系统论方法的应用,体现了本研究在方法论上的创新。

一、历史分析法

历史分析法,亦称纵向分析法,即按照历史发展顺序对事物进行分析研究的方法,旨在通过对已有史料的深入研究,"解释"这些史实之间的因果关系,探寻事物发展的一般规律。梁启超指出:"历史研究的目的在于将过去的真事实予以新的意义与价值,以供现代人活动之资鉴。"[①]此处"过去的真事实"就是获

---

① 梁启超.中国历史研究法[M].上海:上海古籍出版社,2006:133−138.

得史料,而"予以新的意义和价值"是对史实的解释。王尔敏在《史学方法》中对于历史研究中的"解释"作了详细论述,并指出历史研究要基于史料、史实,但更为重要的是对史料、史实的解释。[①]

本研究基于历史研究视角考察我国数学双基教学的发展,试图在相关史料梳理的过程中,分析数学双基教学演进之路径发展规律,并对其原因作出"解释"。故历史分析法是本研究最基础、最重要的方法,也是贯穿整个研究的方法,数学双基教学发展之历史分期、演进之原因分析等均用到该法。

(一)关于历史分期

我国数学双基教学有着悠久历史,本研究紧扣双基教学发展"关键期",依据政治史时间维度和教育史学体系进行历史分期,将我国数学双基教学分为四个主要历史时期:数学双基教学思想萌芽期(春秋—汉代),数学双基教学体系创立期(隋唐—宋元),数学双基教学制度成型期(1904—1952 年),以及新时代背景下数学双基教学创新期(21 世纪初)。在数学双基教学发展历史中,最早出现的是"思想",当"思想"成熟到一定程度,开始形成"系统",[②]当"系统"发展到一定阶段,就以"制度"的形式稳定下来。值得注意的是,尽管思想、体系和制度在形成时间上有先后,但形成之后均处于不断"发展"状态,相互作用、彼此促进,并且在 21 世纪初出现"创新"。

(二)演进之原因分析

本研究遵循历史研究的规范,通过对我国数学双基教学相关史料的收集、整理和分析,追溯我国数学双基教学发展之历史轨迹,然后对这些史料加以解释,剖析数学双基教学之演进原因。本研究重点剖析两方面的原因:其一,我国数学双基教学缘何产生;其二,我国数学双基教学缘何保持相对稳定。纵观我国传统数学教学,一直重视数学基础知识和基本技能的教学,强调"基础性""实用性"和"掌握性";不同时期社会背景下,亦经历过不少"内忧外患",如明清时期的"西学东渐""洋务运动",等等,而数学教学却一直遵循自身特定的路径发展,保持着中国化、本土化特色,数学双基教学之本质特征并未发生改变。研究者不禁追问:促进我国数学双基教学产生的原因是什么?这些因素怎样促进数学双基教学的形成?数学双基教学形成后为何一直保持相对稳定?带着这些问题,研究者试图用历史分析法对相关史料进行"解释",以探索数学双基教学的发展动力和规律。

值得一提的是,作为历史研究,本研究所参考的古籍和历史文献年代跨度大,

①　王尔敏.史学方法[M].桂林:广西师范大学出版社,2005:118-184.
②　杜成宪,邓明言.教育史学[M].北京:人民教育出版社,2011:73.

从夏商朝代直至当代,主要来源有三:其一,来源于"中国基本古籍库""民国时期期刊全文数据库(1911—1949)""瀚堂典藏"等数据库,其中"中国基本古籍库"是对中国文化的基本文献进行数字化处理的宏伟工程,被列为国家重点电子出版物。[①] 该数据库分为4个子库、20个大类和100个细目,收录先秦至民国各类文献约1万种,并且还提供部分珍贵原版影像,总计收书约17万余卷,版本12500多个,全文约17亿字,影像约1000万页。民国以后的文献主要来源于"民国时期期刊全文数据库(1911—1949)"。其二,来源于北京、上海、杭州等地图书馆,研究者曾多次去国家图书馆、首都图书馆、华东师范大学图书馆、浙江图书馆、浙江古籍图书馆、浙江大学图书馆查阅、拷贝或复印相关文献,尤其是古籍文献。其三,来源于各种渠道购买古籍图书和工具书,尤其是孔夫子旧书网、亚马逊图书网、淘宝网等。

二、路径依赖分析法

路径依赖分析法是第八章"双基教学演进路径分析"用到的核心研究方法,该法主要为数学双基教学"路径发展"和"路径原因"提供了分析框架和思路,该法在方法论层面有一定创新意义。

"路径依赖"这个概念最早由生物学家提出[②],1985年美国经济史学家 P. A. David 将其用于研究技术变迁问题[③],后经 W. B. Arthur[④] 和 D. C. North 等学者的发展,"路径依赖"成为理解历史重要性的重要概念,被广泛运用于历史学、社会学、政治学、经济学、管理学、心理学等领域,成为社会科学使用频率最高的概念之一。[⑤] 不同学科领域、不同学者对路径依赖的概念解读不同,一般认为:路径依赖是指系统一旦进入某个路径,就会在"惯性"(路径依赖性)作用下不断自我强化,并且稳定在这一特定路径上,对该路径产生依赖。[⑥]

本研究在大量文献阅读和整理过程中,发现"路径依赖是一个非常重要的历史解释变量"[⑦],追求对历史变迁动态过程的理解,故本研究基于路径依赖理

---

① 中国基本古籍库[EB/OL].百度百科.[2016－12－6].https://baike.baidu.com/item/%E4%B8%AD%E5%9B%BD%E5%9F%BA%E6%9C%AC%E5%8F%A4%E7%B1%8D%E5%BA%93/5196461? fr＝aladdin.

② 尹贻梅,刘志高,刘卫东.路径依赖理论研究进展评析[J].外国经济与管理,2011(8):1－7.

③ David P A. Clio and the Economics of QWERTY[J]. American Economic Review,1985,75(2):332－337.

④ Arthur W B. Competing Technologies, Increasing Returns and Lock-In by Historical Events [J]. Economic Journal,1989,99(3):116－131.

⑤ 刘汉民,谷志文,康丽群.国外路径依赖理论研究新进展[J].经济学动态,2012(4):111.

⑥ 尹贻梅,刘志高,刘卫东.路径依赖理论研究进展评析[J].外国经济与管理,2011(8):1－7.

⑦ [美]道格纳斯·诺思.制度、制度变迁与经济绩效[M].杭行,译.上海:格致出版社;上海三联书店;上海人民出版社,2014:12.

论及其相关分析框架,运用路径依赖分析法对我国数学双基教学进行规律性探索及其原因分析。

路径依赖分析法是一种基于路径依赖理论,运用其相应的分析框架来解释事物历史变迁动态过程的方法。该法将事物的演进过程看作路径选择、路径依赖及路径创造过程,强调路径发展过程中存在的"惯性"(路径依赖性),并重视解释事物演进过程的因果关系。我国数学双基教学的演进过程是数学教学历史变迁的动态过程,本研究结合"路径发展分析框架"和"路径原因分析框架"对我国数学双基教学演进规律及其原因进行探索。

(一)路径发展分析

1. 路径发展分析框架的建立

路径分析框架是路径依赖理论研究重点之一,关于路径分析框架的研究一般聚焦两方面:其一,路径依赖形成研究;其二,路径依赖发展研究。J. Sydow 等学者区分出路径依赖形成的三个阶段,分别是预先形成阶段、形成阶段以及稳定阶段,[①]该观点具有一定代表性。关于路径依赖的发展研究,不同学者则持不同的观点。如图 3.2 所示,传统路径依赖理论认为:路径依赖形成后会出现"路径锁定",意味着"轻易走不出这条路径"[②];而现代路径依赖理论认为:在特定内外因素影响下,"路径会有突破,实现路径创造"[③]。本研究支持现代路径依赖理论的观点。

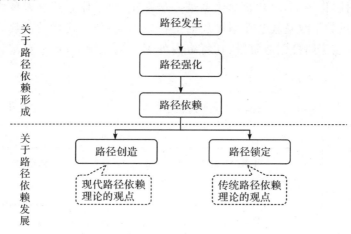

图 3.2　路径发展分析框架(两种趋向)

① Sydow J, Koch J. Organizational Path Dependence[J]. Academy of Management Review, 2009, 34(4):689－709.

② 杨卫安. 中国城乡教育关系制度的变迁研究[M]. 长春:东北师范大学出版社,2012:249.

③ 时晓虹,耿刚德,李怀."路径依赖"理论新解[J]. 经济学家,2014(6):58.

基于 J. Sydow 等学者的观点和现代路径依赖理论,本研究完善了路径发展分析框架,将路径发展分为四个阶段:路径发生、路径强化、路径依赖及路径创造。路径发生阶段是路径依赖最先发生的阶段,主要表现为初始路径的选择;初始路径选择后,在"惯性"(路径依赖性)作用下,出现路径强化;路径强化后,在"惯性"(路径依赖性)的持续作用下,形成路径依赖;之后,在特定内外因的共同影响下,原有路径会有所突破,并在原有路径基础上实现路径创造。

2.路径发展分析框架的运用

我国数学双基教学主要历经四个历史时期:数学双基教学思想萌芽期,数学双基教学体系创立期,数学双基教学制度成型期,以及新时代背景下数学双基教学创新期。这四个历史时期有怎样的内在联系,其演进有哪些规律性表现?研究者试图找到数学双基教学历史变迁的动态规律。

本研究发现:历史分期与路径发展阶段恰好对应,路径发展分析框架亦成为本研究第八章"路径发展分析"的理论和方法论基础。由图 3.3 可见,数学双基教学思想之萌芽相当于路径发生阶段,在初始条件促动下,形成"初始路径";数学双基教学体系之创立相当于路径强化阶段,在数学双基教学思想的"惯性"(路径依赖性)作用下,路径各个维度不断强化,形成数学双基教学体系;数学双基教学制度之成型相当于路径依赖阶段,在数学双基教学思想的持续"惯性"(路径依赖性)作用下,双基教学体系进一步强化,整个体系及要素最终形成路径依赖,推进数学双基教学在制度层面上得以确立;新时代背景下数学双基教学之创新相当于路径创造阶段,在特定内外因素的影响下,数学双基教学突破

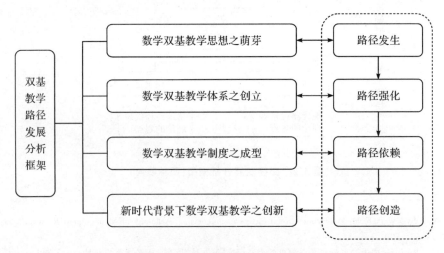

图 3.3　双基教学路径发展分析框架

"原有路径",走向路径创造阶段,即在传统"双基教学"基础上,关注"三维目标""四基""核心素养"等时代"新元素",努力完善一条与时俱进的、有中国特色的数学教学之新道路。

(二)路径原因分析

本研究演进原因分析上,主要阐释双基教学路径依赖形成的原因,关于新时代背景下突破原有路径的"特定内外因素"在第七章背景部分展开,不再另行分析。路径依赖形成原因分析框架(以下简称"路径原因分析框架")是路径依赖理论研究一贯的焦点,其分析框架主要涉及两个维度(见图3.4):一是初始条件,二是由 W. B. Arthur 等学者总结出来的路径依赖的自我强化机制[①]。分析框架的两个维度有着密切关系,"初始条件"促动初始路径的发生,而"自我强化机制"推进该路径不断自我强化,最终形成路径依赖,保持相对稳定的状态。

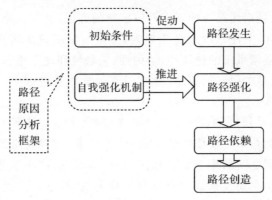

图 3.4 路径原因分析框架

基于路径原因分析框架,我国数学双基教学路径原因分析框架(见图3.5)亦涉及两个维度:其一,双基教学初始条件的促动;其二,双基教学自我强化机制的推进。促使我国小学数学双基教学形成的初始条件有三个:传统价值取向、传统精耕农业和传统文化路向;推动数学双基教学演进过程的自我强化机制主要是指数学双基教学稳定的网络状结构。在三个初始条件的促动下,初始路径——双基教学思想开始产生,双基教学内部稳定网络结构推动初始路径不断强化,双基教学体系开始创立,在不断的强化作用下,直至形成路径依赖,出现相对稳定的双基教学制度。

---

① Arthur W B. Competing Technologies, Increasing Returns and Lock-In by Historical Events [J]. Economic Journal,1989,99(3):116-131.

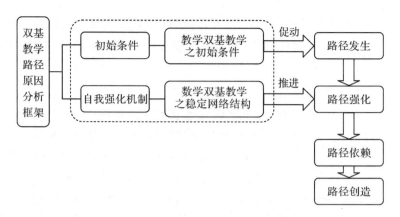

图 3.5　双基教学路径原因分析框架

三、系统论方法

系统论方法是指用系统的观点看待事物的方法,它主张把事物看作一个系统,一个有机整体,关注系统中各个要素、要素与系统整体结构、系统与环境之间的紧密关系,强调系统的整体性、结构性、关联性和动态平衡性(稳定性)等特征。系统论方法是本研究第五章"数学双基教学体系之创立"用到的核心研究方法。

系统论认为系统的构成至少需要三个条件:①有一定的环境,没有环境就没有系统,系统总是一定环境中的系统;②有元素,主要元素即要素;③有一定结构,也就是元素之间的相互联系和作用。[①]　本研究将"小学数学双基教学"视为一个教学系统,主要包括数学双基教学师生观、教学目的、教学内容、教学方法和教学评价等五要素,指出该系统存在于一定社会环境中,并且具有稳定结构。

本研究第五章主要剖析我国数学双基教学体系之创立,不但强调了该系统形成的社会环境,而且分析了该系统中各个要素的产生,以及系统整体结构的形成。首先,双基教学系统是在一定的社会环境和数学教学环境下形成的,本研究第五章将探讨双基教学系统环境——"算学"的设立。其二,双基教学系统包含五要素:双基教学师生观、教学目的、教学内容、教学方法和教学评价。其中教师和学生是双基教学活动的主体,共同构成双基教学师生观要素;教学目的、教学内容、教学方法和教学评价是双基教学过程四要素。其三,双基教学系统五要素互相耦合,形成稳定结构。双基教学师生观要素影响着双基教学过程四要素;双基教学过程四要素之间不但互相制约,互相促进,而且还对双基教学

---

① 徐英俊.教学设计[M].北京:教育科学出版社,2001:24.

师生观要素产生一定反作用。如图 3.6 所示,我国数学双基教学系统五要素互相影响、互相制约,形成一个稳定的、有一定规则的、有张力的整体,共同推进我国数学双基教学系统的发展和完善。

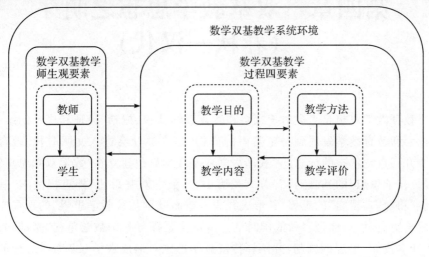

图 3.6　双基教学系统构成

第四章 双基教学思想之萌芽
（春秋—汉代）

教育教学思想是人类对于社会和教育教学认识、概括、论证和思考的结晶，是社会和教育教学发展到一定阶段的产物，是人类社会进入文明时代、教育教学上升到自觉状态的标志。[①] 我国数学双基教学思想建立在"数学双基思想"和"传统教学思想"的基础上，有着悠久历史。"数学双基思想"即重视数学"基础知识"和"基本技能"的思想，其形成并非一蹴而就；"传统教学思想"的形成亦有着漫长历史，可追溯至春秋战国时期。本章主要探寻我国数学重视"基础知识"和"基本技能"思想的缘起，并阐释传统教学思想对形成数学双基教学思想的影响，在此基础上概括出我国数学双基教学思想之核心特征。

第一节 春秋战国重视"正名"的数学教学思想

春秋战国是我国历史上封建社会取代奴隶社会的时期，在社会制度发生变革的同时，教育制度也掀起变革，从而引起古代数学知识传播途径的改变。在奴隶社会，"学在官府"[②]，学校教育的性质属于"官办"，并且为奴隶主阶级所占有。当时数学知识的传播主要也是依托官学，并且随着官学的发展时兴时废。春秋战国时期，随着封建制的产生，私学兴起，包括私塾、名家设馆收徒、能工巧匠家传教育等，自此，私学作为一种教育力量与官学并行存在，尽管时兴时衰，却从未间断。春秋战国时期，私学中数学教学思想已经比较丰富，不但在数学教学内容上有了进一步深化，而且在数学教学方法上也呈现出典型的我国传统特征。

当时私学中的数学教学主要有两种类型：一种是算术之学，主要在私塾中进行，相当于小学程度，主要教学记数方法、简单筹算和一些实用之术；另一种

---

① 徐仲林，谭佛佑，梅汝莉.中国教育思想通史（第一卷）[M].长沙：湖南教育出版社，1994：3.

② 孙培青.中国教育史[M].上海：华东师范大学出版社，2000：48.

是数学知识的教学,主要在威望较高之学者开办的学校中进行。此类私学重视概念教学,讲究"正名"。我国数学双基教学重视基础知识教学,其历史渊源可以追溯至此。基于"正名"理论的重要性,下面从三方面对其进行专门剖析。

一、正名理论的主要思想

在我国的逻辑史上,"名"是一个重要的逻辑范畴。"正名"两字最早由孔子提出,出现在《论语·子路》中。子路曰:"卫君待子而为政,子将奚先?"子曰:"必也正名乎!"①子路的问题是:"卫君等着您去治理国家,您准备首先做什么?"孔子的回答是:"一定是正名!"此处的"名"即名称、概念②,"正名"就是"使概念名副其实"。在孔子看来,"正名"是治国安邦的首件大事。"名不正,则言不顺;言不顺,则事不成;事不成,则礼乐不兴;礼乐不兴,则刑罚不中;刑罚不中,则民无所措手足。故君子名之必可言也,言之必可行也。"③这段话中"名正"是"言顺"的前提,只有名副其实,才能顺理成章;"言顺"是"事成"的前提,只有顺理成章,才能做好事情;"事成"是"礼乐兴"的前提,只有做好事情,国家礼乐制度才能建立;"礼乐兴"是"刑罚中"的前提,只有国家礼乐制度建立好了,刑罚才能得当;"刑罚中"是"民措手足"的前提,只有刑罚得当,百姓才能心安。最后还提及"名之必可言也,言之必可行也",即使用概念一定要顺理成章,顺理成章一定能指导正确行为。从这段逻辑节奏强烈、思维步步紧扣的对话中可见,"正名"是正确思维的基本条件,在逻辑思维中起着非常重要的作用。

孔子提出正名理论后,研究"名"成了一门专门学问——名学,即古代逻辑学。正名理论标志着我国古代逻辑史的开端,孔子亦成为我国逻辑史的开创者。④ 随后,墨家、道家、法家等纷纷对名学提出各自的理论和观点,名学进入"百家争鸣"阶段。墨家进一步推进了名学的发展。其一,墨家提出"以名举实"⑤理论。《墨子·小取》提及"察名实之理"⑥,名是概念,实是客观存在,"察名实之理"即考察"概念"与"客观存在"之间的关系。那么,"名"与"实"关系如何? 墨子提出"取名予实"的思想,从逻辑学的角度对名实关系作了探讨,即要依据客观存在来确定事物的概念,也就是说,要按照事物的客观实际来认识事物,名是实的反映,实先于名。其二,墨家对名的外延作了分类。《墨子·经上》

---

① 杨伯峻.论语译注[M].北京:中华书局,1980:133.
② 杨树森.孔子"正名"思想的提出及其对中国古代逻辑的影响[J].学术论坛,1994(5):72.
③ 杨伯峻.论语译注[M].北京:中华书局,1980:134.
④ 杨树森.孔子"正名"思想的提出及其对中国古代逻辑的影响[J].学术论坛,1994(5):72.
⑤ 墨翟.墨子(卷十一·小取第四十五).明正统道藏本:68.
⑥ 墨翟.墨子(卷十一·小取第四十五).明正统道藏本:68.

指出:"名,达、类、私。"①并对此作出解释:"名:物,达也,有实必待之名也。命之马,类也,若实也者,必以是名也。命之臧,私也,是名也,止于是实也。"②墨家将名分成三类:达名、类名和私名。其中"物"是达名,反映的是所有的客观对象,相当于"范畴";"马"是类名,反映的是某一类客观对象,相当于"类概念"或"普遍概念";"臧"是私名,反映的是特定的某一个客观对象,相当于"单独概念"。

二、正名理论与数学概念

正名理论对数学教学的影响,主要体现为重视数学概念教学。在正名理论提出之前,我国古代数学教学注重筹算和简单的四则运算③,很少将数学知识上升到数学概念;正名理论提出后,数学教学中开始关注"正名",重视数学概念的教学。具体说来,体现在两个方面:一是为数学教学提供了数学学习内容;二是为数学教学提供了方法论支持。

(一)正名理论为数学教学提供了数学学习内容

正名理论为数学教学提供了为数不少的数学概念,尤其是墨家,对一些数学基本概念作出严密界定。尽管这些概念都是初等数学的一些基础知识,却有着朴素的数理思维和逻辑推理,使我国古代传统数学第一次出现了理论萌芽。④墨子给出的数学概念主要记载于《墨子》一书的《经上》《经下》《经说上》《经说下》等四篇,又被称为《墨经》,其中有涉及数的领域,也有涉及形的领域。先来看一些涉及数领域的例子:关于"十进制"的概念,墨子说"一,少于二而多于五,说在建住(位)",⑤是指一比二小而比五多,要看一在哪个数位上;"一:五,有一焉;一,有五焉;十,二焉"⑥,意即五包含了一,而当一处于较高数位时,反过来包含了五,十包含二个五。关于"倍"的概念,墨子说"倍,为二也"⑦"倍:二尺与尺,但去一"⑧,原数乘以二即为"倍",二尺为一尺的"倍"。再来看一些涉及形领域的例子:关于"直线"的概念,墨子说"直,参也"⑨,这里的参就是三,即三点共线即为直线。关于"方"的概念,墨子分别从性质角度和形成角度作出界定:"方,

---

① 墨翟.墨子(卷十·经上第四十).明正统道藏本:58.
② 墨翟.墨子(卷十·经说上第四十二).明正统道藏本:61.
③ 自然科学史研究所主编.中国古代科技成就[M].北京:中国青年出版社,1978:44.
④ 燕学敏.《墨经》中的数学概念[J].西北大学学报(自然科学版),2006(1):165.
⑤ 墨翟.墨子(卷十·经下第四十一).明正统道藏本:59.
⑥ 墨翟.墨子(卷十·经说下第四十三).明正统道藏本:64.
⑦ 墨翟.墨子(卷十·经上第四十).明正统道藏本:58.
⑧ 墨翟.墨子(卷十·经说上第四十二).明正统道藏本:61.
⑨ 墨翟.墨子(卷十·经上第四十).明正统道藏本:58.

柱隅四讙也""方,矩见交也"①,意即正方形就是边与角皆四正之形;正方形是用矩画出来的。关于"圆"的概念,墨子说"圆,一中同长也""圆,规写交也"②,前者指出圆是与定点距离相等的点的轨迹,该定义与欧几里得关于圆的定义一致,都从圆的性质角度对圆作出界定;后者指出圆是用圆规画成的图形,从圆的形成角度对圆作出界定。关于"平"的概念,墨子说"平,同高也"③,即两直线平行,就是两线间高度处处相等。关于"中"的概念,墨子说"中,同长也"④,即线段的中点,到线段两端的长度相等……此外,点、线、面、体在《墨经》中分别是"端""尺""区""体",墨子也分别对它们作了界定。正名理论提及的这些数学基本概念与数学双基教学中的"基础知识"有着千丝万缕的联系。从书后附录中可见,1962年总结的小学各年级算术基础知识教学和基本技能训练应达到的要求中,有关数领域的十进制、倍数的概念等数学基础知识在《墨经》中早有明确体现;有关形领域的直线的认识,正方形、圆的概念,平行的认识,点、线、面、体的认识等基础知识在《墨经》中也有大量记载。

正名理论提及的这些数学基本概念与数学双基教学中的"基础知识"有着千丝万缕的联系。这些概念既是数学领域的基本概念,为以后继续深入学习数学所必需,也是当时实际生活中经常用到的基础知识。这恰恰是数学双基教学对"基础知识"的核心界定。从历史的角度看,尽管正名理论的出现有一定的历史偶然性,却为重视基本概念和基础知识提供了产生的必然性。当正名理论与数学教学联系在一起后,开始关注数学基本概念的界定和教学,并且重视数学基础知识的传授和巩固。

(二)正名理论为数学教学提供了方法论支持

正名理论不但为数学教学提供了一系列数学概念,还提及概念学习的过程和方法,为数学教学提供了方法论支持。

1.概念学习应重视学习者的实践性和主动性

我国古代哲学家对于概念学习均主张学习者亲身实践,发挥主观能动性。孔子在《论语·为政》提到"先行其言而后从之"⑤,即先去实践想要说的话,真的做到了,然后再把它说出来。此处强调了实践的优先性和言行的一致性。《墨子·经上》指出:"知:闻、说、亲。"⑥《墨子·经说上》作了进一步说明:"知,传授

---

①　谭戒甫.墨经分类译注[M].北京:中华书局,1981:41.

②　谭戒甫.墨经分类译注[M].北京:中华书局,1981:39.

③　墨翟.墨子(卷十·经上第四十).明正统道藏本:58.

④　墨翟.墨子(卷十·经上第四十).明正统道藏本:58.

⑤　何晏.论语集解(卷一·为政第二).四部丛刊景日本正平本:3.

⑥　墨翟.墨子(卷十·经上第四十).明正统道藏本:58.

之，闻也。方不障，说也。身观焉，亲也。"①在这里，《墨经》对知识作了三种分类：第一种是"闻"，是别人传授的；第二种是"说"，是由推论得来的；第三种是"亲"，是由亲身实践而来的。可见，在墨家看来，实践是学习者的知识来源之一。《荀子·解蔽》指出："凡以知，人之性也；可以知，物之理也。"②就是说，学习者天生有认识事物的能力，而事物天生有可认识的性质，从本质上揭示了学习者在认识过程中具有的主观能动性。

2.概念学习应强调感官和直觉的参与

墨家正名理论强调官能、感觉对认识事物的重要性。《墨子·经上》提到"知，材也""知，接也""智，明也"③，即认识事物有三个要素：其一要有官能（五官）的参与；其二要有感觉的产生；其三要有"心"的作用。只有三者共同作用，才能形成概念。

荀子也重视感官对正名的重要性，提出"制名起于天宫"④。《荀子·正名》中提及："然则何缘而以同异？曰：缘天官。凡同类同情者，其天官之意物也同。"⑤此处"天官"是指人天生的感官，耳、目、鼻、口、身等。这段话首先提出一个设问：人是依据什么区分事物相同或不同呢？然后给出一个答案：依据人的感觉器官。凡是同类事物，人的感觉器官对于外物的感知应该是相同的，由此就可以认识事物，从而界定事物的概念了。在这段话的基础上，荀子进一步指出："然而征知必将待天官之当簿其类，然后可也。"⑥即证明知识一定要等到感觉器官接触事物之后才行。可见，在荀子看来，感官对认识事物、界定事物概念有着重要意义。

3.概念学习应关注思考、推理等思维过程

孔子的正名重视思维过程，强调"思"的作用，主张学思结合，《论语·为政》指出"学而不思则罔，思而不学则殆"⑦，此处的思是指思考。孔子还重视推理思想：《论语·雍也》中的"能近取譬"⑧，指由自己推及别人；《论语·述而》中的"举一隅不以三隅反"⑨，指由同类中一物推及他物；《论语·学而》中的"告诸往而知来者"⑩，指由已知推及未知；等等。逻辑推理在孔子思想里随处可见。

---

① 墨翟.墨子(卷十·经说上第四十二).明正统道藏本：61.
② 荀况.荀子(卷十五·解蔽篇第二十一).清抱经堂丛书本：159.
③ 墨翟.墨子(卷十·经上第四十).明正统道藏本：58.
④ 周云之.试论先秦儒家对逻辑正名理论的发展和贡献[J].孔子研究，1988(2)：13—20.
⑤ 荀况.荀子(卷十六·正名篇第二十二).清抱经堂丛书本：163.
⑥ 荀况.荀子(卷十六·正名篇第二十二).清抱经堂丛书本：164.
⑦ 何晏.论语集解(卷一·为政第二).四部丛刊景日本正平本：3.
⑧ 何晏.论语集解(卷三·雍也第六).四部丛刊景日本正平本：14.
⑨ 何晏.论语集解(卷四·述而第七).四部丛刊景日本正平本：15.
⑩ 何晏.论语集解(卷一·学而第一).四部丛刊景日本正平本：2.

正名理论的方法论强调学习主体的主观能动性和亲身实践,通过身体感官和直觉去认识事物的特征,并在认识过程中进行思考、推理等。这些方法为我国数学双基教学方法提供了方法论支持,不但重视学习者在认识过程中的主动性和参与性,而且重视通过思考、推理等思维过程掌握并巩固基础知识。

三、从"概念范畴"看中西方思维方式的差异

从哲学意义上看,中西方思维方式自古就有着鲜明的差异。本文从"概念范畴"的视角来考察中西方思维方式的差异。陈岱年说过:"所谓概念,所谓范畴,都是来自西方的翻译名词,在先秦时代,思想家称之为名。"①下面就以我国古代的正名理论和古希腊亚里士多德的范畴理论为对象进行比较分析。

(一)传统思维方式的目的分析

中国古代的正名理论可谓是中国古代逻辑学的鼻祖,孔子最早提出该理论并强调逻辑的政治伦理意义,自此中国古代逻辑学就有了为政治伦理服务的传统。《论语·子路》提到:"卫君待子而为政,子将奚先?"子曰:"必也正名乎!"②可见,在孔子看来,为政必先正名,才能消除社会动荡,恢复礼治。自孔子以后,墨家、儒家(以荀子为代表)、法家等代表人物尽管政治伦理主张不同,但是他们的逻辑学说都有着鲜明的政治伦理色彩。中国正名理论以关注社会秩序为中心,注重解决社会伦理的现实问题,缺乏知识层面的"纯粹性",其目的是实用性的,旨在对社会现实提出的"怎么办"问题作出回答。

古希腊亚里士多德是西方哲学范畴理论的开创者。古希腊时代,哲学家们致力于思考人自身的问题以及人所生存的宇宙的问题。为探究宇宙的本质,哲学家们纷纷探寻宇宙的基本元素。苏格拉底(前469—前399年)通过产婆术在辩论中清晰事物的结论,从而获得真理;他认为宇宙的基本元素是"理性法则"。柏拉图(前427—前347年)在《理想国》中提到"理念世界",并认为现实世界是假象,是理念世界的投影。柏拉图的哲学追求纯粹理想,并且认为数学是通向理念世界的准备工具③,视数学为外物的本质④。在柏拉图的影响下,其学生亚里士多德(前384—前322年)集古希腊哲学之大成,把宇宙的实质定义为"本体",创立了演绎逻辑学,成为逻辑之父⑤。亚里士多德的范畴理论旨在就事物提出的"是什么"问题作出回答,表现为一种纯粹求知的本体论目的。用他自己

---

① 张岱年.中国古典哲学概念范畴要论[M].北京:中国社会科学出版社,1989:自序.
② 杨伯峻.论语译注[M].北京:中华书局,1980:133.
③ [古希腊]欧几里得.几何原本[M].燕晓东,译.南京:江苏人民出版社,2011:导读5.
④ [挪]希尔贝克,伊耶.西方哲学史[M].童世俊,等译.上海:上海译文出版社,2012:57.
⑤ 王靖华.西方逻辑史语言逻辑思想概观(之一)[J].逻辑与语言学习,1987(3):37—39.

的话说,该理论的提出是缘于"惊异",是为了求知,摆脱愚昧,出于一种"纯知识"的兴趣和好奇心。① 可见,亚里士多德的范畴理论是一种"纯知识"兴趣促使下进行本体论探讨的产物。②

(二)传统思维方式的方法分析

中国先秦名学在思维目的上强调实用性,与现实社会生活紧密联系,这种目的论对思维方法也产生一定影响,使之具有鲜明的经验色彩。以墨家的三表法为例,"表"是指标准,三表法提出了认识事物的三条标准:"有本之者,有原之者,有用之者。"③第一表"上本之于古者圣王之事",即以历史经验为认识事物的标准;第二表"下原察百姓耳目之实",即以广大民众的感性经验为认识事物的标准;第三表"发以为刑政,观其中国家百姓人民之利",即以实际应用是否有利于国家人民为认识事物的标准。三表法总结了中国古代哲学史上最早的检验真理的标准,分别是历史经验、民众经验以及实际效用,这三条标准带有浓厚的经验论色彩,与西方的重视逻辑演绎的方法截然不同。

亚里士多德注重语言分析的方法,通过对语言的词形和语法结构进行分析形成逻辑思维,从而获得范畴。亚里士多德意识到,语言不但可以描述世界,而且可以再现世界,他相信语言的深层次结构和世界的逻辑结构是同型的。④ 从方法论角度看,亚里士多德在范畴理论中表现出来的是纯粹语言分析的,强调逻辑演绎的,具有理性色彩的方法。

通过目的分析和方法分析,我们发现:中西方思维方式呈现互补态势⑤,中国古代思维方式是一种经验性思维方式,体现为社会、实用、经验的三位一体,可用于社会治理;而古希腊思维方式是一种理性思维方式,体现为本体、语言、逻辑的三位一体,可用于演绎推理。⑥

第二节　汉代强调"术"的数学教学思想

中国数学教学自古重视基本技能,注重筹算和简单的四则运算。⑦ 春秋时期,古代计算方法筹算就已成形。筹算是以算筹为工具,进行记数、列式和演算

---

① ［古希腊］亚里士多德.形而上学[M].吴寿彭,译.北京:商务印书馆,1959:982b14－24.
② 陈声柏.先秦名学与亚里士多德的范畴[J].兰州大学学报,2003(2):73－77.
③ 胡适.中国哲学史大纲[M].北京:东方出版社,2012:136.
④ 张堡.乾一人文年鉴(第一辑)[M].兰州:兰州大学出版社,2004:121－126.
⑤ 翟玉忠.正名——中国人的逻辑[M].北京:中央编译出版社,2013:8－9.
⑥ 陈声柏.先秦名学与亚里士多德的范畴[J].兰州大学学报,2003(2):73－77.
⑦ 自然科学史研究所主编.中国古代科技成就[M].北京:中国青年出版社,1978:44.

的方法。算筹是中国古代的计算工具,通常由小竹棍或小木棍制作而成。筹算以十进制为计数单位,采用纵横交替的计数方法(见图4.1)。筹算有加减乘除,其中"乘除"部分要用到"九九"乘法口诀。《韩诗外传》卷三第十八章记载:齐桓公设置了一个有火把的庭院,用来接待想见他的学士,但是一整年过去了,也不见学士前来。这时,东郊有个俗人想要以他擅长的"九九算法"(古时的乘法口诀)求见齐桓公。齐桓公问俗人:"九九足以见乎?"意即"你认为只懂九九算法就有资格求见吗?"俗人回答道:"臣不以九九足以见也,君设庭燎以待士,期年而士不至。夫士之所以不至者,君,天下贤君也;四方之士,皆自以为不及君,故不至也。夫九九薄能耳,而君犹礼之,况贤于九九者乎?"[①]意即"我并不认为只懂九九算法就足以见您,但我听说您设置有火把的庭院接见学士,过了一整年,却没有学士前来。学士不来是因为:您是天下贤德的君王,四方学士都认为他们的见解不如您,所以不来。掌握九九算法是简单的本事,而您还礼遇只有这种本事的人,更何况那些掌握比九九算法更深学问的人呢?"从这段对话中不难发现,春秋时期,九九乘法口诀已是民间流传的一种常识,是"俗人"亦能掌握的"简单本事"。这些简单筹算和实用之术,通常在私塾中习得。筹算有着鲜明的程序性(或构造性、机械性)特征,在其演算中,表现为筹式的系列变换,却并不保留演算过程。为了能使计算顺利进行,必须编一套完整的演算程序。中国古代数学著作往往在每个实际数学问题之后都附上一段"术",此处的"术"即算法,解题演算方法。被尊为算经之首的《九章算术》以文本的形式记载了中国传统数学对于"术"的重视,这些"术"涉及长度、面积、体积的计算、比例的计算及解方程等数学基本技能,标志着中国数学双基教学之重视"数学基本技能"思想的形成。下面我们对《九章算术》作深入分析。

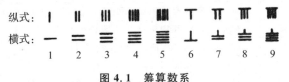

图 4.1　筹算数系

一、从《九章算术》体例看"术"

《九章算术》是中国乃至东方第一部自成体系的数学著作,被公认为算经之首,奠定了中国古代传统数学的基本框架。关于《九章算术》的成书年代和作者,历代学者说法不同,一般认为是由西汉张苍、耿寿昌等学者在先秦遗留的文献基础上删补而成,总结了战国、秦、汉时期的数学成就。尽管学者们对编纂年

---

① 韩婴.韩诗外传(诗外传卷三).四部丛刊景明沈氏野竹斋本:17.

代和作者看法不同,但都认为《九章算术》与"九数"有密切关系。春秋战国时期,儒家的主要教育内容是"六艺",即礼、乐、射、御、书、数。《周礼》记载:"乃教之六艺,一曰五礼,二曰六乐,三曰五射,四曰五驭,五曰六书,六曰九数。"[①]这里的"九数"包含古代数学知识,涉及九个细目。东汉郑玄在《周礼注疏·地官司徒·保氏》中引用郑众的观点,认为"九数:方田、粟米、差分、少广、商功、均输、方程、赢不足、旁要;今有重差、夕桀、勾股"[②]。"九数"与《九章算术》相比,纲目大致相同,只有三项有所差异。

《九章算术》是一部问题集,顾名思义,全书一共"九章",分别是:方田、粟米、衰分、少广、商功、均输、盈不足、方程和勾股,一共 246 个数学问题(见表 4.1)。"算术"是指计算的原理和方法;"九章算术"即 246 个数学问题的计算原理和方法。从体例看,每个问题都由问、答、术三部分组成:问即问题;答即答案;术即算法、计算原理和方法。当然,《九章算术》的体例并非由简单的问、答、术组成,其间有着紧密联系,体现为"问题—归类—模型化—程序化筹算"[③]的内在序列。该序列有四个步骤:第一步收集社会生活、生产中的问题;第二步编成应用题并进行分类;第三步得到这类问题的"术"并概括出数学模型;第四步将数学模型进行综合,得到一般原理,如方田章的均分术、粟米章的今有术、少广章的开方术等。最后将各章按顺序连贯起来汇编成书。《九章算术》以实际问题为导引,以计算原理和方法为重点,这种体例开创了中国传统数学的"算法"体系。该体系对中国数学教学的影响深远,尤其是对数学双基教学中的基本技能教学十分重视。

表 4.1 《九章算术》的数学问题和"术"

九章名称	题数	术数	内容领域
一、方田	38	21	各种形状田亩面积的计算,涉及处理田地面积问题
二、粟米	46	33	各种谷物粮食的比例和比率的计算,涉及抵押交换问题
三、衰分	20	22	比例分配问题,涉及物价贵贱、赐予谷物以及赋税等
四、少广	24	16	已知面积、体积,求一边长的计算,涉及田地等计算问题
五、商功	28	24	土木工程的计算,涉及处理工程的体积问题
六、均输	28	28	涉及合理分配赋役和摊派赋税的问题
七、盈不足	20	17	涉及生活中的盈亏、比例问题
八、方程	18	19	方程的解法,涉及生活中物品交错混杂的问题
九、勾股	24	22	用勾股定理解决生活中的各种问题
合计	246	202	

① 郑玄.周礼疏.清嘉庆二十年南昌府学重刊宋本十三经注疏本:320.
② 郭书春.九章算术译注[M].上海:上海古籍出版社,2009:前言 10.
③ 周金才.中国传统数学的特点[J].数学教育学报,1997,6(3):98.

二、从《九章算术》内容看"术"

《九章算术》共分九章,分别涉及数学九个不同内容领域(见表 4.1)。卷第一为方田,"以御田畴界域"①,主要讲各种形状田亩面积的计算,形状包括长方形、三角形、梯形、圆、扇形等,涉及处理田地面积问题;卷第二为粟米,"以御交质变易"②,主要讲各种谷物粮食的比例和比率的计算,涉及抵押交换问题;卷第三为衰分,"以御贵贱禀税"③,主要讲比例分配问题,涉及物价贵贱、赐予谷物以及赋税等;卷第四为少广,"以御积幂方圆"④,主要讲已知面积、体积,求一边长的计算,涉及田地等计算问题;卷第五为商功,"以御功程积实"⑤,主要讲土木工程的计算,涉及处理工程的体积问题;卷第六为均输,"以御远近劳费"⑥,主要涉及合理分配赋役和摊派赋税的问题;卷第七为盈不足,"以御隐杂互见"⑦,主要涉及生活中盈亏、比例问题;卷第八为方程,"以御错糅正负"⑧,主要讲方程的解法,涉及生活中物品交错混杂的问题;卷第九为勾股,"以御高深广远"⑨,主要用勾股定理解决生活中的各种问题。从这些内容可以看出,《九章算术》不但重视"术",强调计算和算法,关注数学基本技能的养成,而且还提供了一个实用性数学体系,即可用于社会生活、生产各方面的数学体系,⑩把数用于社会生活、生产的各个领域,通过计算解决社会生活各领域的数学基础问题。也就是说,《九章算术》重视的"术"实则为解决现实世界各种数学问题的"术",具有明显的实用性特征。从书后附录中可见,1962 年总结的小学各年级算术基础知识教学和基本技能训练应达到的要求中,有关长度、宽度的计算,各种图形面积的计算,体积的计算,比例的计算,典型应用题的解答等数学基本技能在《九章算术》中有明确体现。《九章算术》提及的这些数学基本技能既是数学领域的基本技能,为后续数学学习所必需;也是当时实际生活中经常用到的基本技能。对这些数学基本技能的关注标志着中国数学双基教学之重视"数学基本技能"思想的形成。

关于内容,本研究还需澄清一点:《九章算术》重视"术",即算法,并不意味

---

① 刘徽.九章算术(卷一).四部丛刊景清微波榭丛书本:1.
② 刘徽.九章算术(卷二).四部丛刊景清微波榭丛书本:14.
③ 刘徽.九章算术(卷三).四部丛刊景清微波榭丛书本:23.
④ 刘徽.九章算术(卷四).四部丛刊景清微波榭丛书本:29.
⑤ 刘徽.九章算术(卷五).四部丛刊景清微波榭丛书本:41.
⑥ 刘徽.九章算术(卷六).四部丛刊景清微波榭丛书本:54.
⑦ 刘徽.九章算术(卷七).四部丛刊景清微波榭丛书本:70.
⑧ 刘徽.九章算术(卷八).四部丛刊景清微波榭丛书本:80.
⑨ 刘徽.九章算术(卷九).四部丛刊景清微波榭丛书本:92.
⑩ 王鸿钧.中国古代数学思想方法[M].南京:江苏教育出版社,1989:40.

着只注重数学基本技能的教学,而不重视数学基础知识的教学。这体现在两方面。其一,数学基本技能和数学基础知识有时很难明确区分,并且两者的关系相辅相成。数学基础知识的掌握往往是数学基本技能掌握的前提;数学基本技能掌握的过程中,又能加深对数学基础知识的理解;在实际应用中,解决数学问题既需要基础知识,又需要基本技能。^① 其二,《九章算术》明"法"隐"理"。《九章算术》尽管以"术"为中心,强调数学问题的算法,却往往"寓理于算",即算法中蕴含着算理,尤其体现在数学家对《九章算术》的注释中。如刘徽在《九章算术注》中不仅提出很多创见,而且以严密的数学语言界定相关数学基本概念,如率、正负数、方程等。由此可见,以《九章算术》为代表的中国传统数学不但重视数学基本技能,而且渗透数学基础知识和原理,基本技能和基础知识紧密联系,共同促进了中国数学双基教学思想的形成。

三、从早期数学著作看中西方数学传统的差异

在数学发展历史进程中,存在两种不同的思想体系,其一是中国古代算法体系,遵循机械化思想,以《九章算术》为代表;其二是古希腊演绎体系,遵循公理化思想,以欧几里得的《几何原本》为代表。下面我们通过比较《九章算术》和《几何原本》来剖析中西方数学传统的差异。

《九章算术》相传由西汉张苍、耿寿昌等学者在先秦遗留的文献基础上删补而成,是中国乃至东方第一部自成体系的数学著作,奠定了中国古代传统数学的基本框架,是东方数学思想之源。它是一部问题集,全书共"九章",收集了246个数学问题的解法。以《九章算术》为代表的中国传统数学以解决社会生活、生产中的实际问题为目的,长于计算,以计算为中心。其算法都是计算程序,具有机械化和构造性的特点。^② 吴文俊先生将之称为"数学的机械化路线",遵循数学的机械化思想,体现为"要求在运算或证明过程中,每前进一步之后,都有一个确定、必须选择的下一步。这样沿着一条有规律的刻板道路一直达到结论"^③。李文林指出:"古代东方数学有着自己鲜明的不同于希腊的特点,那就是解决各类数学问题的算法系统。"^④张奠宙也指出:"中国数学是'管理数学'和'木匠数学'。它非常实用,长于计算,密切结合实际,这是长处;但在理性思维、推理论证方面,不如古希腊的文明。"^⑤

---

① 葛德生.小学算术基础知识教学和基本技能训练[M].南京:江苏人民出版社,1962:2.

② 郭书春.九章算术译注[M].上海:上海古籍出版社,2009:22.

③ 吴文俊.吴文俊文集[C].济南:山东教育出版社,1986:286-287.

④ 李文林.数学的进化——东西方数学史比较研究[M].北京:科学出版社,2005:60.

⑤ 张奠宙.建设中国特色数学教育学的心路历程[J].中国教育科学,2015(4):16-17.

《几何原本》由古希腊欧几里得所著,是哲学意义上的几何。与用于世俗计算的中国数学截然不同,它建立了人类历史上第一座宏伟的演绎推理大厦[①],是世界上最早的公理化数学著作[②],确立了几何学的逻辑体系,是西方数学思想之源。全书共 13 卷,含 5 条公设、5 条公理、119 个定义和 465 个命题。《几何原本》从少数自明公理、定义出发,遵循公理化思想,利用逻辑推理的方法,推演出400 余个命题。古籍中记载,其作者欧几里得曾留下过两句话,第一句话:"几何无王者之道。"[③]意即在几何的世界里,皇帝也没有特权。确实,在欧几里得的几何世界里没有社会性世俗的一面,有的只是哲学意义上的几何。第二句话的背景是一位青年质疑欧几里得:"你的几何学有何用处?"欧几里得回应:"给他三个钱币,因为他想在学习中获取实利。"[④]可见,欧几里得的几何体系与重视实用的中国传统数学思想体系截然不同,它对社会生活、生产中遇到的实际问题的计算不感兴趣,旨在探索宇宙的基本形式和数量关系,通过自明公理进行演绎推理,追求逻辑的完美。

正如欧阳维诚所总结,以中国的《九章算术》为代表的东方数学思想体系,其以算法化的内容、模式化的方法、开放的归纳体系为特色;而以欧几里得的《几何原本》为代表的西方数学思想体系,其以抽象化的内容、公理化的方法、封闭的演绎体系为特色。[⑤] 中国数学传统的算法体系以解决社会生活、生产中的实际问题为目的,具有很强的实用性,并遵循算法的机械性和构造性,关注解题过程的程序性,这些均为中国数学双基教学思想的形成提供了合适的土壤。而西方数学传统的演绎体系遵循公理化思想,注重逻辑推理,这些也为强调演绎性、过程性和创生性的西方基础教育体系奠定了良好的基础。

第三节　重视"正名"与"术"的传统数学教学

中国传统教学思想博大精深,历史悠久,涉猎面亦很广。本节主要探讨传统教学理念和传统考试文化对传统数学教学的影响,并阐述其对于形成传统双基教学思想的意义。

---

① ［古希腊］欧几里得.几何原本［M］.燕晓东,译.南京:江苏人民出版社,2011:译者序.
② ［古希腊］欧几里得.几何原本［M］.燕晓东,译.南京:江苏人民出版社,2011:533.
③ ［古希腊］欧几里得.几何原本［M］.燕晓东,译.南京:江苏人民出版社,2011:2.
④ ［古希腊］欧几里得.几何原本［M］.燕晓东,译.南京:江苏人民出版社,2011:译者序.
⑤ 欧阳维诚.试论《周易》对中国古代数学模式化道路形成及发展的影响——兼谈李约瑟之谜［J］.周易研究,1999(4):86—96.

一、传统教学理念的影响

中国传统教学理念丰富多彩,中国最早有关教育的著作《论语》中就蕴含着很多传统教学理念,世界最早的教育专著《学记》中也记录着深刻的中国传统教育思想、教学制度、原则、方法等。本研究选取其中最有代表性的几个传统教学理念加以说明,并论述其对形成双基教学思想的影响。

(一)循序渐进

中国传统教学重视扎实的基础知识和技能,强调循序渐进。世界上第一部教育专著《学记》总结了我国先秦时期的教育经验和理论,提出一系列教学原则和方法。其中一条教学原则就是"不陵节而施之谓孙"①。这里的"节"是指次序,"不陵节"就是不超越次序,"孙"义同顺,也就是教师在教学中一定要依据学生原有知识、技能和接受能力,循序渐进地开展教学。此乃"教之所由兴也"②,意即循序渐进是教育获得成功的要素之一。《学记》还指出:"杂施而不孙,则坏乱而不脩"③,如果教学杂乱无序,不重视循序渐进,那么教学效果就不好。此乃"教之所由废也"④,也就是不注意循序渐进是导致教育失败的要素之一。可见,循序渐进是中国传统教学的一条基本原则,其与教学成败直接相关。那么,应如何循序渐进地进行教学呢?中国古代教师从学生、教学内容、教学方法等方面为我们提供了很好的经验。

《学记》中主张"幼者听而弗问,学不躐等也"⑤,此处的"躐等"是指逾越等级,不按次序。这句话意指年纪小的学生只准在边上听课,却不需要发问,这是因为考虑到他们的接受能力,学习不能逾越等级,不按次序,应该循序渐进地进行教学。

《学记》中提及"良冶之子,必学为裘;良弓之子,必学为箕"⑥,这段话是指冶铁能匠传授儿子冶铁手艺时,一定是让他先学用皮革制作鼓风裘;造弓能匠传授儿子造弓手艺时,一定是让他先学用柳条编织弓箭袋。"为裘"是冶铁的基础;"为箕"则是造弓的基础。可见,循序渐进教学中,教学内容顺序安排很重要,首先学习的一定是该领域的基本知识和基本技能。

---

① 高时良.学记评注[M].北京:人民教育出版社,1982:66.
② 高时良.学记评注[M].北京:人民教育出版社,1982:66.
③ 高时良.学记评注[M].北京:人民教育出版社,1982:69.
④ 高时良.学记评注[M].北京:人民教育出版社,1982:69.
⑤ 高时良.学记评注[M].北京:人民教育出版社,1982:37.
⑥ 高时良.学记评注[M].北京:人民教育出版社,1982:99.

《学记》中指出:"善问者如攻坚木,先其易者,后其节目,及其久也,相说以解。"①擅长提问的老师,就像砍伐那些坚硬木头,往往先砍那些相对容易砍的部分,然后再砍那些相对硬的关节部分,经过一定长的时间,那些木头的硬关节便会被砍下。这里的"先"和"后"实则强调教学过程应先易后难,循序渐进;这里的"善问"更是循序渐进的突破口,即实现循序渐进的教学方法。这句话指出教师应该通过善于提问的方式,循序渐进地开展教学。

不难看出,中国传统教学注重循序渐进,强调要依据学生的能力需求和学习内容的深浅程度进行教学,扎扎实实打下稳固基础;在教学过程中,教师应学会提问技巧,通过提出适当问题,引导学生一步步由浅入深、循序渐进地进行学习。这种传统教学理念为重视"基础性""掌握性"的数学双基教学思想的形成打下基础。

(二)启发诱导

中国传统教学重视启发诱导。《学记》中多次提到"喻",即"启发诱导",如"故君子之教,喻也"②,意即优秀教师的教学,就是擅长启发诱导学生;又如"能博喻,然后能为师"③,能够多方启发诱导学生,才能成为教师。可见,中国古代非常重视教师在教学中的主导作用,重视教师对学生的启发诱导。

传统教学不但重视启发诱导学生,古代贤者还总结了一系列与"启发诱导"相关的教学经验。如子曰:"不愤不启,不悱不发。"④这句话很好地概括了教师启发诱导学生的时机。从汉字组成结构形旁看,"愤"和"悱"意指两种心理状态:"愤"即"心求通而未得之意"⑤,是指学生认真思考某一问题,很想解决却又没有理顺的心理状态;"悱"即"口欲言而未能之貌"⑥,是指学生对某一问题已经有一定思考,但还没有完全考虑成熟,处于想表达又一时表达不出来的心理状态。"愤"和"悱"这两种心理状态是学生求知欲特别强的时机,教师应该在学生"愤"和"悱"的时候及时地进行启发诱导。又如《学记》中提到教师对启发诱导的"度"的把握:其一,"道而弗牵",引导学生,却不牵着学生走;其二,"强而弗抑",严格要求学生,但不是强迫学生;其三,"开而弗达",给学生露点端倪,但不是把答案直接告知学生。"道而弗牵则和,强而弗抑则易,开而弗达则思。和、

---

① 高时良.学记评注[M].北京:人民教育出版社,1982:92.
② 高时良.学记评注[M].北京:人民教育出版社,1982:74.
③ 高时良.学记评注[M].北京:人民教育出版社,1982:85.
④ 杨伯峻.论语译注[M].北京:中华书局,1980:68.
⑤ 夏征农,陈至立主编.辞海(第六版彩图本)[M].上海:上海辞书出版社,2009:613.
⑥ 夏征农,陈至立主编.辞海(第六版彩图本)[M].上海:上海辞书出版社,2009:613.

易、以思,可谓善喻矣。"①引导学生,却不牵着学生走,这样能处理好教与学的关系;严格要求学生,但不强迫学生,这样不会让学生惧怕学习;给学生一点头绪,但不把答案直接告知学生,这样可以让学生学会独立思考。处理好教与学的关系,不让学生惧怕学习,并且让学生学会独立思考,这样的教师才称得上擅长启发诱导学生。

不难发现中国传统教学中的"启发诱导"与中国数学双基教学中的"变式教学"有着千丝万缕的联系。"变式教学"实质上就是一种注重培养学生"举一反三"能力的"启发诱导"。值得一提的是,"启发诱导"和"变式教学"都强调教师的主导作用,学生在教师的指导下进行文本解读、理解和应用,这在一定程度上影响了学生创新思维的形成;同时,"举一反三"的能力从本质上来讲并不是一种原创能力,而是一种模仿能力,故中国学生原创能力不强似乎可以从中找到历史根源。

(三)重视练习

中国传统教学重视练习。《论语》开篇,子曰:"学而时习之,不亦说乎?"②此处的"习"即练习③。孔子说:"学习了,然后时常去练习,不也是令人愉快的吗?"这句话放在论语开篇第一句,可见孔子对学习和练习的重视。曾子也说过:"吾日三省吾身——为人谋而不忠乎? 与朋友交而不信乎? 传不习乎?"④此处的"习"也指练习。这句话是指曾子每天多次自我反省——替人办事是否忠心耿耿呢? 与朋友交往是否诚实可信呢? 老师传授的学业是否练习呢? 把"习"与"忠""信"相提并论,足见古代贤者对"习"的重视。

《学记》中关于"练习"有一段经典的话:"良冶之子,必学为裘;良弓之子,必学为箕;始驾者反之,车在马前。"⑤这段话是指治铁能匠传授儿子冶铁手艺时,一定是让他先学用皮革制作鼓风裘;造弓能匠传授儿子造弓手艺时,一定是让他先学用柳条编织弓箭袋;训练小马开始学驾车时,一定是先让大马带着,然后小马跟在车后跑。这段话不但体现了古代贤者对练习内容的合理选择,还体现了对练习程度的理性要求。

这段话涉及的练习内容有"为裘""为箕""始驾者反之"。一方面这些都是与社会实践密切相关的内容,不仅仅是书面知识的练习;另一方面,这些内容是冶铁、造弓、驾车的基本训练,安排练习内容就应该这样从易到难,由浅入深,循

---

① 高时良.学记评注[M].北京:人民教育出版社,1982:74.
② 杨伯峻.论语译注[M].北京:中华书局,1980:1.
③ 何九盈,王宁,董琨主编.辞源(第三版)[M].北京:商务印书馆,2015:3309.
④ 杨伯峻.论语译注[M].北京:中华书局,1980:3.
⑤ 高时良.学记评注[M].北京:人民教育出版社,1982:99.

序渐进。

古代很多注疏者对这段话作出评论,提及练习程度的理性要求,即"多次练习"并且"达到熟练"。如孔颖达说:"上三事皆须积习,非一日所成。"①此处"积习"可以理解为多次练习,即上面说的三件事都需要多次反复练习,不是一天就可以完成的。孔颖达强调了多次练习的重要性。又如孙希旦说:"此三者皆非生而能之,由于见闻习熟而驯而致之也。"②其中"习熟"分开来解释就是"练习熟练",意即这三件事不是一个人生来就会的,主要是因为多听多看、练习熟练而达成的。这里提及了练习程度的要求,需要达到"熟练"才行。

中国古代教学还重视练习时间的安排。《学记》指出:"不学操缦,不能安弦;不学博依,不能安《诗》;不学杂服,不能安礼。"这段话指课外不好好练习缦乐,课内就不能完成乐教的任务;课外不好好练习声律,课内就不能完成《诗》教的任务;课外不好好练习洒扫等杂役,课内就不能完成礼教的任务。可见,古代教学注重课外练习,只有课外做好各种充分练习,课内才能更好达成教学目标。

中国数学双基教学也重视课内外练习,练习题的设计往往从易到难,层次分明,并且强调通过多次练习达到熟练程度(如背诵九九乘法表,每天做口算等),这些都传承自中国传统教学理念。但是,不难发现,当前的双基教学更注重书面题目的练习,而忽视生活领域的很多练习机会,这些遗失的传统理念很值得我们重新寻回并践行。

(四)掌握巩固

中国传统教学一向重视学生对学习内容的巩固,不但坚持"巩固性原则",而且总结了一系列关于"掌握巩固"的教学经验。

其一,重视旧知巩固与新知学习的关系。孔子主张"温故而知新"③,这是与巩固相关的最耳熟能详的古训,指在温习巩固旧知的基础上,能够习得新知。《学记》中指出:"故君子之于学也,藏焉脩焉。"④此处"藏"是指掌握巩固,"脩"是指增益,这句话是指君子对于学习,往往是在已掌握知识(旧知)的基础上,进一步学习未学过的知识(新知)。"藏"是"脩"的基础,而"脩"是在"藏"基础上的发展和提高。这句话很好地诠释了巩固旧知和新知学习的关系,即旧知是新知学习的基础,而新知学习是在旧知基础上的发展和提高。

① 高时良.学记评注[M].北京:人民教育出版社,1982:102.
② 高时良.学记评注[M].北京:人民教育出版社,1982:102.
③ 杨伯峻.论语译注[M].北京:中华书局,1980:17.
④ 高时良.学记评注[M].北京:人民教育出版社,1982:58.

其二,重视巩固与积累的关系。孟子在《离娄下》中提及"居之安,则资之深"①,其中"居之安"是指知识掌握牢固,"资之深"是指积累深厚;"居之安,则资之深"中的"则"表示一种因果或情理上的联系②,意即因为知识掌握牢固了,所以才能有深厚的积累。这句话梳理了"巩固"与"积累"之间的密切关系。

其三,重视巩固积累与灵活运用的关系。孟子在《尽心上》中指出:"流水之为物也,不盈科不行;君子之志于道也,不成章不达。"③此处"成章",朱熹注为"所积者厚",即积累深厚;此处"达",朱熹注为"足于此而通于彼也"④,即会举一反三,灵活运用。这句话是指流水有它自己的规律,如果不把坑坑洼洼填满,那么流水是不会向前行进的;君子立志于学习经典,如果不达到一定的深厚积累,那么是不可能通达的。这句话阐明"巩固积累"与"灵活运用"的紧密联系。再来回顾孟子在《离娄下》中提及的"居之安,则资之深"⑤,其下句是"资之深,则取之左右逢其源"⑥。两句连在一起,是指通过牢固掌握才能积累深厚;通过深厚积累才能灵活运用,游刃有余。可见,在孟子看来,从牢固掌握到深厚积累,从深厚积累到灵活运用,它们之间都有着深刻的因果逻辑关系。

中国自古重视"熟能生巧"⑦,顾名思义,"熟"是指熟练⑧,意即通过多次练习变得有经验;"巧"是指心思灵敏,技术高明⑨。那么,为何"熟"就能生"巧"?这里面蕴含着丰富的逻辑关系:熟练—巩固—积累—灵活,即通过多次练习变得有经验,从而得以牢固掌握,形成深厚积累,最终能举一反三、灵活运用。

我国数学双基教学重视学生基础知识和基本技能的巩固与掌握,前一个知识点和技能的巩固往往成为后一个知识点和技能学习的基础,后一个知识点和技能的巩固又成为下一个知识点和技能学习的基础。这样点点相扣,步步巩固,经历日积月累,基础知识和基本技能都得以稳固掌握,打下厚实的基本功,形成深厚积累。学生熟能生巧,将所学知识灵活运用,在数学学习中体现为不但解题速度快,而且准确率高。

---

① 孟宪承.中国古代教育文献[M].北京:人民教育出版社,1985:58.
② 中国社会科学院语言研究所词典编辑室.现代汉语词典(2002年增补本)[M].北京:商务印书馆,2003:1573.
③ 孟宪承.中国古代教育文献[M].北京:人民教育出版社,1985:59.
④ 孟宪承.中国古代教育文献[M].北京:人民教育出版社,1985:59.
⑤ 孟宪承.中国古代教育文献[M].北京:人民教育出版社,1985:58.
⑥ 孟宪承.中国古代教育文献[M].北京:人民教育出版社,1985:58.
⑦ 王萍萍.从 ACT-R 理论看我国的数学双基教学[D].苏州:苏州大学,2007.
⑧ 中国社会科学院语言研究所词典编辑室.现代汉语词典(2002年增补本)[M].北京:商务印书馆,2003:1172.
⑨ 中国社会科学院语言研究所词典编辑室.现代汉语词典(2002年增补本)[M].北京:商务印书馆,2003:1021.

(五)勤奋苦学

中国传统教育文化十分重视勤奋和苦学,并且将勤奋和苦学紧密联系在一起,"苦"即刻苦,勤劳。① "天道酬勤"是中国"勤奋"文化的典型概括,"天道"是中国古代哲学术语,意指自然界及其发展变化的客观规律②;"酬"是指酬答、回报;"勤"是指勤劳。"天道酬勤"指的是上天会回报勤劳的人。"天道酬勤"源于《周书·大诰》中"天闷毖我成功所""天亦惟用勤毖我民"③,即天意告诉我们成功的方法,指出唯有民众勤劳。孔子也说过:"我非生而知之者,好古,敏以求之者也。"④其中的"敏"即勤敏,就是勤奋敏捷。在孔子看来,他并非生来就是知识渊博的人,只是喜欢古代文化,然后通过勤奋敏捷地学习而取得知识的。唐代诗人、哲学家韩愈在《进学解》中亦提及"业精于勤,荒于嬉"⑤,强调学业精于勤奋,而荒于嬉戏。

中国传统"苦学"文化历史十分悠久。孟子曰:"天将降大任于斯人也,必先苦其心志,劳其筋骨,饿其体肤,空乏其身,行拂乱其所为,所以动心忍性,曾益其所不能。"⑥其中"苦其心志"中的"苦"意指勤学苦练,孟子这句话强调艰苦的环境能让人的心智更加坚强。"头悬梁,锥刺股"更是中国传统"苦学"文化的真实写照。"头悬梁"出自《太平御览》卷三百六十三引《汉书》:"孙敬字文宝,好学,晨夕不休,及至眠睡疲寝,以绳系头悬屋梁,后为当世大儒。"⑦"锥刺股"出自《战国策·秦策一》:"(苏秦)读书欲睡,引锥自刺其股,血流至足。"⑧"头悬梁,锥刺股"用来形容勤奋刻苦的学习精神,中国自古重视这种"苦学"精神。韩愈还为"苦学"文化写下治学名联"书山有路勤为径,学海无涯苦作舟"。

关于勤奋和苦学,还有两个问题需要厘清。其一,中国为何有勤奋苦学传统? 我们先来分析一下中国传统文化的类型。依据生产方式,有些学者将文化分为农业文化、工商文化和游牧文化等。⑨ 不同的生产方式会对劳动者提出不同的素质要求,如农业需要劳动者吃苦耐劳⑩,工商业需要劳动者能说会算,牧

---

① 中国社会科学院语言研究所词典编辑室.现代汉语词典(2002年增补本)[M].北京:商务印书馆,2003:1263.

② 中国社会科学院语言研究所词典编辑室.现代汉语词典(2002年增补本)[M].北京:商务印书馆,2003:1243.

③ 孔安国.尚书(卷七·大诰第九周书).四部丛刊景宋本:80.

④ 杨伯峻.论语译注[M].北京:中华书局,1980:72.

⑤ 孟宪承.中国古代教育文献[M].北京:人民教育出版社,1985:221.

⑥ 孟宪承.中国古代教育文献[M].北京:人民教育出版社,1985:57.

⑦ 李昉.太平御览(卷第三百六十三人事部四).四部丛刊三编景宋本:2225.

⑧ 高诱.战国策注(卷第三秦一).士礼居丛书景宋本:12.

⑨ 张岱年,程宜山.中国文化精神[M].北京:北京大学出版社,2015:126.

⑩ 张岱年,程宜山.中国文化精神[M].北京:北京大学出版社,2015:127.

业需要劳动者彪悍勇猛,等等。中国人素有勤劳、吃苦精神,这和中国农业文化传统有着千丝万缕的联系,精耕农业勤劳的美德移至教育领域,即勤奋和苦学。[①]

其二,苦学和乐学相对吗? 现代汉语词典关于"苦"[②]有六种解释,其中两种解释与"苦学"有一定关联:一种是"难受,痛苦",另一种是"有耐心地,尽力地"。"苦学"到底是痛苦地学,还是尽力耐心地学呢? 如果把"苦学"理解为痛苦地学,确实貌似和"乐学"是对立的;如果把"苦学"理解为尽力耐心地学,那么"苦学"只是学习过程中学习者勤奋、刻苦和努力的行为,经历这个过程后,学习者仍能体验到学习的乐趣,"苦学"和"乐学"就不再截然对立。本研究认为"苦学"是学习行为上一种尽力、耐心、刻苦地学习的行为;而"乐学"是针对学习态度的一种以学习为乐的态度。子曰:"学而时习之,不亦说乎?"[③]描述的正是学习者通过勤奋、刻苦的学习行为,获得愉快体验的学习态度。《论语·述而》提到:"发愤忘食,乐以忘忧,不知老之将至云尔。"[④]这句话是指(孔子)发愤刻苦学习,忘记了吃饭,快乐得忘记了忧愁,也感觉不到衰老的到来。这句话是孔子的一段自我评价,从中不难看出,孔子的学习行为虽然刻苦,但是学习态度上却很愉悦。可见,"苦学"和"乐学"并不对立,而是密切关联。

我国数学双基教学也建立在中国传统勤奋苦学文化的基础上,如九九乘法表的背诵、数学公式的记忆[⑤]、数学习题的大量练习,等等,都体现着中国学生勤奋苦学的精神。

综上所述,中国传统教学过程中,教师重视引导学生循序渐进地学习,巩固和掌握扎实的基础知识与基本技能。教师一方面重视启发诱导,培养学生举一反三的能力;另一方面,受传统勤奋苦学文化的熏陶,强调学生多做练习,以实现熟能生巧。不难发现,"掌握性"是我国传统教学思想的核心,为双基教学思想的形成奠定了基础。

二、传统考试文化的影响

中国传统考试文化与"选士制度",即人才选拔制度紧密联系,"学而优则仕"是中国选士制度的核心主张。《论语·子张》中记载的"学而优则仕"最早由

---

① 张奠宙,于波.数学教育的"中国道路"[M].上海:上海教育出版社,2013:20.
② 中国社会科学院语言研究所词典编辑室.现代汉语词典(2002年增补本)[M].北京:商务印书馆,2003:727—728.
③ 杨伯峻.论语译注[M].北京:中华书局,1980:1.
④ 杨伯峻.论语译注[M].北京:中华书局,1980:71.
⑤ 张奠宙.中国数学双基教学[C].上海:上海教育出版社,2006:203.

子夏提出①;西汉时董仲舒传承了该观念,在选士制度上明确表明"量材而授官,录德而定位"②;自隋唐始,"学而优则仕"的观念更是与科举制交织在一起,对传统社会知识分子的价值观以及中国传统教育评价产生不可估量的作用,同时也对中国数学双基教学之教学目的和教学评价产生深刻影响。

一方面,"学而优则仕"把"学"和"仕"联系在一起。"仕"是什么?"仕"即做官③。提及做官,就涉及中国的文官制度,早在春秋战国时代就有职业文官,如管仲、百里奚等;秦始皇一统中国后,建立了一套完整的管理政府官员的制度,即古代文官制度。④ 中国古代文官制度的发展,主要经历了两个阶段:隋唐以前,文官选拔主要基于两汉的察举征辟制和魏晋南北朝的九品中正制⑤;隋唐以后,主要途径是科举制,实行公开考试竞争入仕,采取分级考试,层层选拔,择优录取,为公开公平地选拔社会贤才开辟了道路。可见,中国文官制度为知识分子入仕提供了政策上的客观条件。那么,中国知识分子为什么主观上想要做官? 这和精耕农业有关。中国没有欧洲那种自由职业性的知识分子,如医生、律师、会计师等⑥,中国知识分子一向耕读传家,其命运与农业联结、与国家机构联结,却不与专业联结,这样的知识分子和文官体系密不可分。综上所述,在中国农业经济背景下,知识分子主观上职业选择并不多,客观上又有政策和途径通过"金榜题名"进入仕途,从而实现其社会价值取向——光宗耀祖,因而,"学而优则仕"深刻影响着中国传统社会知识分子的价值观⑦,当然也影响着中国以考试为主的传统教育评价制度。

另一方面,"学而优则仕"把"学"和"优"联系在一起。何谓"优"? 现代汉语词典主要有两种解释:其一为"优良",与"劣"相对;其二为"充足"。⑧ 李泽厚在《论语今读》中指出"优"应当解释为"优良"⑨,本研究也持该观点。那么,什么是学习"优良"? 如何评价学生学习是否"优良"? 这些问题的思考促进中国传统教育评价的形成和完善。中国传统教育评价重视考试和分数,中国考试文化历史悠久,考试随着学校教育的产生而产生。西周时期,就已确立考试制度,定时

---

① 杨伯峻.论语译注[M].北京:中华书局,1980:202.

② 班固.汉书[M].北京:中华书局,1962:2513.

③ 中国社会科学院语言研究所词典编辑室.现代汉语词典(2002年增补本)[M].北京:商务印书馆,2003:1152.

④ 戴小明.中国古代文官制度述论[J].湖南社会科学,1990(1):66-69.

⑤ 杨青新.隋唐科举制考论[J].南阳师范学院学报(社会科学版),2005(11):86-88.

⑥ 许倬云.中国古代文化的特质[M].厦门:海峡出版发行集团·鹭江出版社,2016:84.

⑦ 左建."学而优则仕"思想对中国传统教育的影响[J].南阳师范学院学报,2011(10):101-102.

⑧ 中国社会科学院语言研究所词典编辑室.现代汉语词典(2002年增补本)[M].北京:商务印书馆,2003:1519.

⑨ 李泽厚.论语今读[M].北京:三联书店,2004:516-517.

对学生的学力和思想品德进行考核;汉代考试制度进一步发展,董仲舒最早使用"考试"一词[①],最高学府太学即当时的国家考试机关,考试一年进行一次,形式有口试和笔试,方法采用"设科射策"[②];隋唐以后,实行科举取士,进行分科考试,依据成绩选拔人才,更是将传统考试制度推向高潮(详见第五章)。我国传统考试注重考查学生知识技能的掌握程度,依据考试分数高低来鉴定"优良",这些对中国数学双基教学评价产生很大影响。

"学而优则仕"为核心的传统考试文化对知识分子的价值观以及我国传统教育评价产生不可估量的作用,同时也对我国数学双基教学目的、教学评价等产生深刻影响。"学而优"则"仕"与培养具有基础知识技能的数学实用人才之数学双基教学目的相一致,有着强烈的社会价值取向;"学"注重"优",与数学双基教学评价注重考试、重视分数,通过分数来测量学生数学基础知识技能的掌握程度等亦一致,教学评价上追求高分、高掌握度。

本章小结

我国数学双基教学思想建立在"数学双基思想"和"传统教学思想"互相交融的基础上。一方面,我国"数学双基思想"的形成并非一蹴而就,春秋战国讲究"正名"的数学教学思想为我国数学重视基础知识和数学概念教学奠定基础;汉代《九章算术》中对于"术"的重视,标志着我国数学重视基本技能思想的形成;重视数学基础知识和基本技能思想的形成即意味着"数学双基思想"的形成。另一方面,我国"传统教学思想"亦有着悠久历史,可追溯至春秋战国时期,最早有关教育的著作《论语》,以及世界最早的教育论著《学记》中记载了大量传统教学思想。如图4.2所示,"数学双基思想"与"传统教学思想"互相促进,彼此影响,形成了重视"基础性""实用性""掌握性"的数学双基教学思想。

双基教学思想还与我国古代思维方式和数学传统密切相关。中国古代思维方式是一种经验性思维方式,体现为社会、实用、经验的三位一体,可用于社会治理。[③] 在这种思维方式的影响下,以《九章算术》为代表的中国古代数学遵循机械化思想,形成算法体系。在古代思维方式和数学传统的浸润下,重视"基

---

① 高飞.中国古代考试制度简论[J].教育理论与实践,2004,24(8):23—24.

② 班固.汉书(卷八十八·儒林传第五十八).清乾隆武英殿刻本:1355.

③ 陈声柏.先秦名学与亚里士多德的范畴[J].兰州大学学报,2003(2):73—77.

础性""实用性""掌握性"的数学双基教学思想得以酝酿。

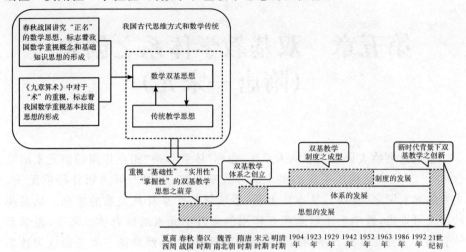

图 4.2　双基教学思想之萌芽

第五章　双基教学体系之创立
（隋唐—宋元）

　　系统论创始人贝塔兰菲认为系统（亦称"体系"）是"相互作用的诸元素的综合体"①。"元素是构成系统的最小部分或基本单元，即不可再划分的单元"②，主要的元素谓之"要素"，从本质上看，系统就是元素及其关系的总和。从系统的定义可推得，教学系统就是相互作用的诸教学元素的综合体。那么，教学系统有哪些主要元素呢？不同的学者提出不同的观点，经典的三要素说认为教学系统要素是"教师、学生和教材"③；四要素说认为"教师、学生、教学内容和教学手段构成了教学过程不可缺少的基本因素"④；五要素说在三要素的基础上，增加了两个要素"工具"和"方法"；六要素说则包含"教师、学生、教学内容、教学工具、时间和空间"⑤等六个教学系统要素；吴文侃在 1996 年提出教学系统九要素⑥；张楚廷在 2000 年提出"层次说"⑦，涉及的要素超过十个；等等。本章从历史研究视角探寻我国数学双基教学系统的形成，分析双基教学系统形成的环境，厘清双基教学系统的组成要素，并且阐释双基教学系统的整体结构特征。

第一节　重视"明数造术，详明术理"算学教学
体系的形成（隋唐时期）

　　隋朝进行了官制改革，为了加强皇权，在中央废除了宰相制，创立三省六部制。由于中央集权制重新确立，经济得到空前发展，从而推动科学、教育事业等

---

① ［奥］L. V. 贝塔兰菲. 一般系统论［M］. 秋同，袁嘉新，译. 北京：社会科学文献出版社，1987：27.
② 苗东升. 系统科学精要［M］. 北京：中国人民大学出版社，1998：27.
③ 顾明远. 教育大辞典（第一卷）［M］. 上海：上海教育出版社，1990：184.
④ 南京师范大学教育系. 教育学［M］. 北京：人民教育出版社，1984：376.
⑤ 郝恂，龙太国. 试析教学主体、客体及主客体关系［J］. 教育研究，1997(12)：43—47.
⑥ 吴文侃. 略论现代教学方法系统观［J］. 外国中小学教育，1997(4)：9—11.
⑦ 张楚廷. 教学要素层次论［J］. 教育研究，2000(6)：65—69.

方面的发展。受社会政治、经济大环境影响,隋唐时期的数学教育作为隋唐教育的一部分,不断从发展走向成熟。其中的关键事件是隋朝数学专科学校"算学"的设立,使数学教学成为一个独立系统,为数学教学的发展提供了良好的环境条件。

隋文帝即位初年,就改革官制设立国子寺(后改名为国子监)。国子寺祭酒负责"五学",分别是国子学、太学、四门学、书学和算学,从此算学被独立出来,开创了人类历史上由政府设立数学专科学校的先河。当时算学设有博士 2 人,从九品下,算学助教 2 人,算学有学生 80 人。[①] 隋朝算学的设立并非偶然,它是中国传统数学发展的产物。魏晋南北朝是中国历史上的"离乱"时代,社会矛盾错综复杂,为了在乱世中取胜,统治者求贤若渴,十分重视人才。在这种社会背景下,该时期的数学教学发展很快。一方面数学人才辈出,如魏晋时期的赵爽证明了勾股定理;刘徽首创"割圆术",并且在《九章算术注》中提出"析理以辞,解体用图";[②]南北朝的祖冲之、祖暅父子对圆周率计算精确到小数点后七位,并著述《缀术》;等等。另一方面,数学教科书丰富,列入唐代《算经十书》的《夏侯阳算经》《张丘建算经》《海岛算经》《五经算术》《孙子算经》《五曹算经》《缀术》等七部均为该时期的著作,加上汉代的《九章算术》,这些传统数学教科书为正规数学教学提供了资源上的支持。

隋朝历时很短,算学在当时并未发挥出很大作用。在隋朝基础上,唐代算学得到进一步发展:算学成为国子监"六学"之一(见图 5.1),设博士 2 人,从九

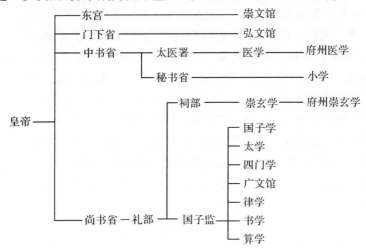

图 5.1　唐代中央官学教育体制

① 魏徵,令狐德棻.隋书:百官志下(卷 28)[M].北京:中华书局,1973:777,789.
② 李迪.中国数学通史:上古到五代卷[M].南京:江苏教育出版社,1997:176.

品下,助教 1 人,典学 2 人,学生 30 人,①并且数学教学有了明确的教学目的和要求,通过"明数造术,详明术理"来培养"学以致用"的数学人才;政府规定了专门的教学内容《算经十书》;有专门的数学教师通过数学教学传统方法教育专门的学生;设立科举制"明算科"选拔数学人才,从事相关数学职业,数学双基教学体系逐渐形成。

一、算学教学师生观:博士、助教与学生

隋朝中央官学设有五学:国子学、太学、四门学、书学和算学,五学均属国子寺(后改名为国子监)管理。由表 5.1 可见,隋朝算学有博士 2 人,助教 2 人,学生 80 人。②

表 5.1　隋朝中央官学教师和学生的人数③

领导机构	学校类型	教师人数		学生人数
		博士	助教	
国子寺(监)	国子学	5	5	140
	太　学	5	5	360
	四门学	5	5	360
	书　学	2	2	40
	算　学	2	2	80
总计		19	19	980

唐代中央官学在隋朝基础上,设有六学一馆:国子学、太学、四门学、书学、算学、律学和广文馆。由表 5.2 可见,唐代算学设博士 2 人,助教 1 人,学生 30 人。④ 其中博士主持算学教学工作,官阶是"从九品下";助教主要帮助辅导学生;典学主要负责执行学规⑤。算学招收学生也有定额和标准,《唐六典(卷二十一)》记载唐代算学"学生三十人",主要招收"文武官八品以下及庶人之子"。⑥ 学生毕业后可参加科举"明算科"考试,如若及第,会委以官职。

中国传统社会素有尊师重教的传统,算学也不例外,算学学生"束修之礼,督课,试举,皆如国子学"⑦。束脩之礼即学生向教师行拜师礼,并奉赠一定的物品以示尊重,早在孔子时代就已实行,一直流传下来。唐中宗时期束修之礼的

① 刘昫.旧唐书:职官志三(卷 44)[M].北京:中华书局,1975:1892.
② 魏徵,令狐德棻.隋书:百官志下(卷 28)[M].北京:中华书局,1973:777,789.
③ 孙培青.中国教育史[M].上海:华东师范大学出版社,2000:154.
④ 刘昫.旧唐书:职官志三(卷 44)[M].北京:中华书局,1975:1892.
⑤ 盛奇秀.唐代明算科[J].齐鲁学刊,1987,(02):41—42.
⑥ 李林甫.唐六典(卷二十一).明刻本:193.
⑦ 欧阳修.新唐书·百官志三(卷 48)[M].北京:中华书局,1975:1268.

标准为："国子、太学各绢三匹,四门学绢二匹,俊士及律、书、算学、州县学各绢一

表5.2　唐代中央官学教师和学生的人数及招生标准①

领导机构	学校类型	教师人数		学生人数	招生条件
		博士	助教		
国子监	国子学	2	2	300	文武官员三品以上子孙,或从二品以上曾孙,勋官二品、县公、京官四品带三品勋封之子。
	太学	3	3	500	文武官员五品以上子孙,职事官五品期亲,或三品曾孙,勋官三品以上有封之子。
	四门学	3	3	1300	500人为勋官三品以上无封、四品有封及文武七品以上之子;800人为庶人之俊异者(即俊士)。
	律学	1	1	50	八品以下子弟及庶人之通其学者。
	书学	2		30	八品以下子弟及庶人之通其学者。
	算学	2	1	30	八品以下子弟及庶人之通其学者。
	广文馆	4	2	无定额	准备参加进士科考试者。

匹,皆有酒脯。其束脩三分入博士,二分助教。"②国子学是唐代最高学府,而算学则属于地位相对较低的学校,其"束脩之礼"仍如国子学,可见唐代学校尽管区分层次,但是尊师重教的传统却完全相同。《唐六典·国子监》中还记载:"凡春、秋二分之月,上丁释奠于先圣孔宣父,以先师颜回配,七十二弟子及先儒二十二贤从祀焉。"③不难发现,唐代各类学校遵循尊师重教传统,经常定期举行尊师祭孔活动,不但尊称孔子为孔宣父,而且泽被孔子弟子和后人,"唐开元二十七年,追谥(孔子)为文宣王,又以其后为文宣公,是皆以祖之美谥而加后嗣"④,一些尊师祭孔场合皇帝还会亲临。宋代马端临所著《文献通考·学校考五》卷四十四(见图5.2)整卷以文字的形式记录了历朝历代统治者祠祭褒赠先圣先师的行为和活动,足见中国传统社会对教师的尊重,以及对尊师重教传统的重视和沿袭。

隋唐时期的数学教学,随着算学的开设,有了专门的数学教师和学习数学的学生,教学活动的主体要素形成。在中国社会尊师重教的传统文化下,中国数学双基教学系统的师生观也逐渐成形:教师具有权威性,居于教学活动主导地

---

① 孙培青.中国教育史[M].上海:华东师范大学出版社,2000:154—155.
② 马端临.文献通考·学校考二(卷四十一).清浙江书局本:724.
③ 李林甫.唐六典(卷二十一).明刻本:193.
④ 赵汝愚.诸臣奏议(卷九十一礼乐门).宋淳祐刻元明递修本:886.

位,通过"传道授业解惑"引导学生记忆、理解和背诵,从而使学生巩固并掌握相关知识技能。该师生观与重视"掌握性"的双基教学思想亦相匹配。

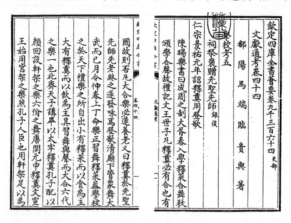

图 5.2　《文献通考》历朝历代祠祭褒赠先圣先师的记载①

二、算学教学目的:"明数造术,详明术理"

唐代的算学教育和其他朝代数学教育一样,有着"学以致用"的实用性目的。算学教学以培养历算、天文和政府所需数学专门人才为主,这些人才及第后官阶九品下,或者在秘阁、太史局任小官吏。"学以致用"的教学目的通过"明数造术,详明术理"的教学要求得以实现。《新唐书·选举志》记载:"凡算学,录大义本条为问,明数造术,详明术理,然后为通。"②此处"明数造术"就是掌握数学的基本概念和基本技能;"详明术理"就是理解"术"(即算法)的原理和用法。王权在《中国小学数学教学史》中指出,"该要求与数学教学中注重'双基'的要求有类似之处"③。确实,该教学要求旨在培养具有数学基础知识和基本技能的"学以致用"的实用型数学专门人才,与重视基础性、实用性的中国数学双基教学思想一致,体现了数学双基教学目的维度的要求。

通过"明数造术,详明术理"的教学要求培养"学以致用"的数学专门人才,这种教学目的在一定程度上限制了唐代数学和数学教育的发展。唐代数学教学主要目的是培养会进行计算的低级官吏,并且当时规定文官要佩戴装着算筹等用具的算袋④,遇到计算问题随时可取出并进行计算,故数学整体水平并不高;加之当时缺少高水平的算学教师,"明数造术,详明术理"的教学要求也很难

---

① 马端临.文献通考·学校考五(卷四十四).清浙江书局本:761-780.

② 欧阳修.新唐书·选举制(卷四十四志第三十四).清乾隆武英殿刻本:496.

③ 王权.中国小学数学教学史[M].济南:山东教育出版社,1995:29.

④ 李俨.筹算制度考[A].中算史论丛(第四集)[C].北京:科学出版社,1995:1-8.

充分实现,故唐代并没有培养出高水平的数学家。但是,不容置疑的是,通过"明数造术,详明术理"培养"学以致用"的数学专门人才的这种教学目的观体现了中国数学双基教学目的的形成。

三、算学教学内容:以《算经十书》为主

唐代《算经十书》(见图5.3)是历史上首次由国家颁行的数学教科书,包括《孙子算经》《五曹算经》《九章算术》《海岛算经》《张丘建算经》《夏侯阳算经》《周髀算经》《五经算术》《缀术》《缉古算经》[①],《算经十书》是中国汉唐数学的代表,代表了当时数学的真实发展水平。

图5.3　算经十书[②]

《算经十书》是唐代算学的主要教学内容。当时,算学生分成两个班,每班学习内容不同。据《唐六典·国子监》记载:"二分其经,以为之业:习《九章算术》《海岛算经》《孙子算经》《五曹算经》《张丘建算经》《夏侯阳算经》《周髀算经》十有五人;习《缀术》《缉古算经》十有五人;其《数术记遗》《三等数》亦兼习之。"[③]在这段记载中,两个班人数均是15人,第一个班所学内容中遗漏了《五经算术》[④],故应学习《九章算经》《海岛算经》等八部数学教材;第二个班学习《缀术》《缉古算经》等两部数学经典;两个班都要学习《数术记遗》《三等数》。《唐六典·国子监》中不但提及算学学生的数学教材,还明确了学习时间,"《孙子算经》《五曹算经》共限一年业成,《九章算经》《海岛算经》共三年,《张丘建算经》《夏侯阳算经》各一年,《周髀算经》《五经算术》共一年;《缀术》四年,《缉古算经》三年"[⑤]。可见,第一班学习时间一共7年,第二班学习时间也是7年。算学生在学习期间,每旬有旬试,每年有年试,全部学业完成后可参加国子监考试,国子

① 王青建.算经十书与数学史教育[J].内蒙古师范大学学报(自然科学汉文版),2009(5):582-585.

② 戴震校.算经十书(一)[M].上海:商务印书馆,1930.

③ 李林甫.唐六典(卷二十一).明刻本:193.

④ 盛奇秀.唐代明算科[J].齐鲁学刊,1987,(02):41-42.

⑤ 李林甫.唐六典(卷二十一).明刻本:193.

监考试合格后,才有机会参加省试。

唐代《算经十书》以问题集的形式呈现,大多是离散式的算问结构,编排上以"术"(即算法)的应用范围为章,每一种"术"由归纳法推及而来。这种结构知识点相对独立,"术"之间的联系并不紧密,使学生在学习时注重对每个"术"的基本概念和基本技能的掌握,重视基础性,并且《算经十书》中涉及的问题均有现实生活、生产背景,而非纯粹数字或符号的演算,呈现出鲜明的实用性。不难发现,隋唐时期数学教学内容重视基础性和实用性,这与中国数学双基教学思想完全一致并一脉相承;重视"基础性"和"实用性"亦体现了中国数学双基教学内容选择的核心标准。

四、算学教学方法:讲经诵经和自学辅导相结合

中国古代教学方法一般以个别指导法为主,大堂讲席法为辅,需要学生花费更多的时间自学,唐代教育家韩愈在《进学解》中提及"业精于勤,荒于嬉"[1],强调学生勤奋学习的重要性;当学生遇到疑难问题时,再向教师请教,故而韩愈在《师说》中对教师角色作了定位:"师者,所以传道、受业、解惑也"[2],即教师是传授道理、教授学业、解决疑惑的人。在现代汉语词典里,"传"是指"由一方交给另一方"[3];这里的"受"通"授",是指"交付、给予"[4]。毋庸置疑,这里"传"和"授"的主体都是教师,教师作为施动者,把道理、学业教给受施者——学生,此外,教师还帮助学生解决学习中的困惑和疑难问题。在该种教师观影响下,我国传统数学教学方法以教师讲授为主,重视教师在教学过程中的作用;学生的学习,尤其是疑难问题的解答比较依赖教师。

唐代算学教学中,教学方法也是讲经诵经和自学辅导相结合。[5] 这是因为《算经十书》中算法皆用文字表述,无笔算列式及算术公式表达,加之古代文言文晦涩难懂,所以一方面需要教师讲经诵经,引导学生理解经文;另一方面,需要学生反复诵读,勤学思考,以至熟能生巧。韩愈在《送陈密序》中指出"子诵其文,则思其义"[6],在《符读书城南》中提到"读书勤乃有,不勤腹空虚"[7],又在《上

---

① 韩愈.详注昌黎先生文集(文集卷十二杂著).文谠注.宋刻本:299.

② 茅坤.唐宋八大家文钞(卷十昌黎文钞十).清文渊阁四库全书本:86.

③ 中国社会科学院语言研究所词典编辑室.现代汉语词典(2002年增补本)[M].北京:商务印书馆,2003:193.

④ 中国社会科学院语言研究所词典编辑室.现代汉语词典(2002年增补本)[M].北京:商务印书馆,2003:1167.

⑤ 王权.中国小学数学教学史[M].济南:山东教育出版社,1995:29.

⑥ 王炳照,阎国华.中国教育思想通史(第二卷)[M].长沙:湖南教育出版社,1994:471.

⑦ 王炳照,阎国华.中国教育思想通史(第二卷)[M].长沙:湖南教育出版社,1994:470.

襄阳于相公书》中强调"手披目视,口咏其言,心惟其义"①,均揭示诵读过程中勤奋学习、用心思考的重要性。

可见,隋唐时期的数学教学方法十分重视"掌握性",即通过诵读、记忆和理解,引导学生循序渐进地学习;通过多次反复练习,巩固和掌握扎实的基础知识与基本技能,以实现熟能生巧。我国数学双基教学思想重视"掌握性"的特征在教学方法上充分体现出来。

五、算学教学评价:国子监考试

唐代算学教学评价主要有两大类。其一,国子监考试。在国子监考试中,又有三种不同类型:旬有旬试,年有年试,全部学业完成后有国子监考试。其二,明算科省试。国子监考试合格后,就可参加明算科省试②,国子监考试涉及基础教育,而明算科考试涉及较高层次教育,但两者密切相关。为了对唐代算学数学教学评价有全面的了解,研究者对两类考试均加以剖析。

(一)国子监算学考试

唐代国子监算学考试,依据时间和功能主要分为三种:第一种是"旬考",即每十日进行一次考试,主要考"帖经"和"墨义"。"帖经"是一种特殊的填空题,将所试经书翻到任意一页,将其左右两边遮住,中间留出一行,再用纸盖住其中三个字,让考生填空③;"墨义"即"问大义",是一种笔试问答,只要熟记经文就能答出。《新唐书·选举制》记载:"博士考试,读者千言试一帖,帖三言,讲者二千言问大义一条,总三条通二为第,不及者有罚。"④意即旬考要求每背诵一千字,帖经三字;每讲解两千字,加问大义三条,答对二条就算及格,不及格的学生会有惩罚。第二种是"岁考",《新唐书·选举制》提及"岁终,通一年之业,口问大义十条,通八为上,六为中,五为下"⑤,即每年年终进行考试,范围是一年所学内容,考试的方法主要是"墨义",考试后会给学生区分上中下三个层次。第三种是"毕业考",即七年学完后,将全部所学内容考一次,考试的方法与前两种类似,并且与明算科省试接轨。

国子监算学通过频繁考试敦促学生记住所学内容,从实施效果来看,一方面有助于学生通过反复背诵和多次考试来熟记古代算法要点;另一方面,却阻碍学生将所学知识融会贯通,把学生引向"死读书"的学习轨道,创新能力缺失。

---

① 王炳照,阎国华.中国教育思想通史(第二卷)[M].长沙:湖南教育出版社,1994:471.
② 盛奇秀.唐代明算科[J].齐鲁学刊,1987(2):41—42.
③ 孙培青.中国教育史[M].上海:华东师范大学出版社,2000:154—155.
④ 欧阳修.新唐书·选举制(卷四十四志第三十四).清乾隆武英殿刻本:496.
⑤ 欧阳修.新唐书·选举制(卷四十四志第三十四).清乾隆武英殿刻本:495.

不能否认,这种考试评价的方式与中国数学双基教学重视"掌握性"思想有着千丝万缕的联系,对数学双基教学评价的形成有着很大影响。

（二）明算科省试

科举制产生于隋朝,《隋书》记载隋文帝开皇十八年(598 年),"丙子,诏京官五品以上,总管、刺史,以志行修谨,清平干济二科举人"①,标志着隋朝设立科举制的开始。在隋朝短暂的统治里,通过科举考试而录取的人才很少,并且没有设立专门选拔数学专门人才的明算科。科举制的发展始于唐代,明算科是唐代开设的科目,《大唐新语》卷十提及:"隋炀帝改置明、进二科。国家因隋制,增置秀才、明法、明字、明算,并前为六科。"②明算科省试从层次上看并不属于基础教育阶段的数学考试,但是从考试内容与形式来看,与基础教育阶段数学考试和教学评价有着密切联系。

明算科作为常科,每年举行一次,分为两个分科,第一分科考试内容有《九章算术》《海岛算经》《孙子算经》《五曹算经》《张丘建算经》《夏侯阳算经》《周髀算经》和《五经算术》。考试分两类题型,第一类题型是"墨义",第二类题型是"帖经",考试主要考查记忆能力。《新唐书·选举志》记载:"凡算学,录大义本条为问答,明数造术,详明术理,然后为通。试《九章算术》三条,《海岛算经》《孙子算经》《五曹算经》《张丘建算经》《夏侯阳算经》《周髀算经》《五经算术》各一条,十通六;《数术记遗》《三等数》帖读(即帖经)十得九,为第。"③第二分科考试《缀术》和《缉古算经》,考试同样分两类题型:"墨义"和"帖经"。《新唐书·选举志》记载:"试《缀术》《辑古算经》,录大义为问答者,明数造术,详明术理,无注者合数造术,不失义理,然后为通。《缀术》七条,《辑古算经》三条,十通六;《数术记遗》《三等数》帖读十得九,为第。落经者,虽通六,不第。"④明算科如果及第,就能取得做官资格,官阶是从九品下,《唐六典》记载:"书、算于从九品下叙排。"⑤

国子监算学的考试和明算科省试紧密相连,育士制度和选士制度牢牢结合,算学的教学内容、教学方法和教学评价一以贯之,实现了儒家"学而优则仕"的教育目标;同时也充分体现了重视"掌握性"的数学双基教学思想,奠定了数学教学重视考试、关注分数的评价传统。

由以上五个方面可见,隋唐时期数学教学日趋成熟,呈现出中国传统数学教学的典型特征:数学教学有专门的教师和学生,选拔严格,遵循尊师重教的传

① 魏征.隋书(卷二帝纪第二).清乾隆武英殿刻本:20.
② 刘肃.大唐新语(卷十).清文渊阁四库全书本:70—71.
③ 欧阳修.新唐书·选举制(卷四十四志第三十四).清乾隆武英殿刻本:496.
④ 欧阳修.新唐书·选举制(卷四十四志第三十四).清乾隆武英殿刻本:496.
⑤ 李林甫.唐六典(卷二).明刻本:25.

统;从教学目标来看,重视培养"学以致用"的数学人才;从教学内容来看,注重基础性、实用性的数学内容,整理出一批很有价值的数学经典——《算经十书》;从教学方法来看,强调数学基本概念和基本技能的教学,并且重视讲授法,引导学生记忆、理解、背诵和熟能生巧;从教学评价来看,强调以考促学,注重考试和分数,科举"明算科"的开设选拔出一批数学专门人才,将数学知识用于现实生活、生产中。隋唐时期的数学教学重视基础性、实用性和掌握性,与中国数学双基教学思想一脉相承,并且形成独立而全面的体系。从某种意义上而言,中国传统数学双基教学系统在隋唐时期已然形成。

第二节　以"三舍法"为特征的算学教学体系的完善(宋元时期)

中国传统数学在宋元之际达到巅峰,宋代政府重视算学,制订了算学条例,宋崇宁三年(1104年)将元丰算学条例修成敕令,六年(1107年)命名为"崇宁国子监算学敕令格式"并施行,成为中国历史上第一部由政府颁布的数学教学章程。目前留存"算学令""算学格"和"算学对修中书省格"三部分,涉及算学教师与学生的编制、教学要求、教学内容、考核方法、考试安排及数学人才毕业安排等。宋神宗元丰七年(1084年),下诏校刊隋唐的《算经十书》,进行刻制印刷,形成世界上最早的活字印刷本数学教科书。[①] 此外,宋元时期私学的数学教学水平很高,在官办算学衰弱之际,私学中著名数学家聚众讲学,涌现出中国历史上有文字记载的首批职业数学教育家,如宋元数学四大家秦九韶、李冶、杨辉、朱世杰等都曾有过数学教学经历。综上所述,宋元时期我国数学教学系统各要素得到进一步发展,共同推进了数学双基教学体系的完善。

一、算学师生观:博士、学正、学录、学谕等和三舍生

"算学格"(见图5.4)涉及宋代算学人员编制,与隋唐时期相比,宋代算学在规模上有了发展,数学教师的人数增加并且分工明确,其中负责数学教学工作的"博士四员",负责学规的"学正一员",帮助学正负责教规的"学录一人",负责传谕的"学谕一人",负责饮食的"司计一人",负责学籍的"直学二人",负责教材的"司书一人",另外还有"斋长""斋谕"各一人。学生人数也显著增多,"上舍三十人,内舍八十人,外舍一百五十人"[②],合计260人。

---

① 王权.中国小学数学教学史[M].济南:山东教育出版社,1995:37.
② 佚名.算学源流.宋刻算经六种本:3.

宋代对数学教师和数学家的重视程度也超过前朝,数学大家的社会地位明显提高,体现在统治者对历代名儒爵位的追封上。《宋史·礼志》中记载:"时又有算学。大观三年,礼部、太常寺请以文宣王为先师,兖、邹、荆三国公配享,十哲从祀。自昔著名算数者画像两庑,请加赐五等爵,随所封以定其服。于是中书舍人张邦昌定算学:封风后上谷公……隋卢大翼成平男。"[1]

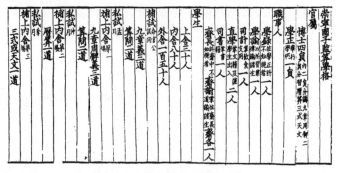

图5.4 崇宁国子监算学格[2]

二、算学教学内容:《算经十书》活字印刷本

"算学令"(见图5.5)涉及数学教学内容,《算学源流》中记载:宋代"诸学生习《九章算术》《周髀算经》义及算问,兼通《海岛算经》《孙子算经》《五曹算经》《张丘建算经》《夏侯阳算经》并历算、三式、天文书"[3]。可见,宋代的数学教学内容除了《算经十书》,还有历算、三式和天文。

图5.5 崇宁国子监算学令[4]

① 脱脱.宋史(卷一百五礼志第五十八).清乾隆武英殿刻本:1131.

② 佚名.算学源流.宋刻算经六种本:2—3.

③ 佚名.算学源流.宋刻算经六种本:2.

④ 佚名.算学源流.宋刻算经六种本:2.

宋代校刊隋唐的《算经十书》,进行刻制印刷,形成世界上最早的活字印刷本数学教科书。隋唐时期尽管已有雕版印刷术,可是并没有用于刊印"十部算经",当时的数学教科书《算经十书》主要还是通过抄写的方式得以流传和使用。程大位撰《算法统宗》所附"算经源流"中记载"宋元丰七年(1084 年)刊十书",此处十书包括《皇帝九章》《周髀算经》《五经算术》《海岛算经》《孙子算经》《张丘建算经》《五曹算经》《缉古算经》《夏侯阳算经》《数术记遗》,[①]是最早的数学教科书活字印刷本。

三、算学教学评价:"三舍法"

宋代算学采用王安石提出的"三舍法",该法是一种分级学习和考试方法。该法将学生按资格和程度分为三舍:初入学者是外舍生;通过学习,外舍生每年考试一次,成绩列入一、二等的学生可升为内舍生;通过继续学习,内舍生每两年考试一次,成绩达到"优""平"两等的学生,如果平时学业和操行合格,就可升为上舍生。上舍生学习两年,参加上舍考试,成绩分上、中、下三等。宋代算学设有科举"明算科",上舍考试类似于科举省试,上舍毕业生三等成绩皆授官。宋代算学毕业生的待遇比隋唐时期有所提高。"算学对修中书省格"(见图 5.6)记载:"秋试奏到算学升补上舍等第推恩下项:上舍上等通仕郎,上舍中等登仕郎,上舍下等将仕郎。"[②]此处上舍上等"通仕郎"是正八品官阶,上舍中等"登仕郎"是正九品官阶,比起唐代明算科及第后从九品下官阶要高。

图 5.6　崇宁国子监算学对修中书省格

王安石的"三舍法"重视通过考试对学生程度进行区分,实行分级教学,最后依据相应考试成绩授官。"三舍法"的考试类似于唐代国子监算学考试和明

---

① 程大位.新编直指算法统宗.影印版:78.[2017－02－23].http://www.guoxuedashi.com/guji/6020d/.

② 佚名.算学源流.宋刻算经六种本:3.

算科考试,注重记忆、背诵、掌握并巩固知识要点。可见,"三舍法"尽管是一种新方法,而本质上却延续了重视"掌握性"的数学双基教学思想。

四、私学中的数学教学

宋元时期,社会动荡,战争频繁,统治者迫切需要各种治世之才,但是断断续续的官学难以满足需求,于是产生私学兴盛的现象。宋代私学有着特殊的组织形式——书院,私学中数学教学水平很高。这是因为一方面,宋代名儒大家多数精通历数,并在经学讲解中渗透数学知识的传授;另一方面,私学中著名的数学大家聚众讲学,涌现出中国历史上有文字记载的首批职业数学教育家,如宋元数学四大家李冶、秦九韶、杨辉、朱世杰等。

李冶(约 1191—1279 年)是著名数学家,主要数学著作有《测圆海镜》和《益古演段》,这两部著作在数学史上有着重要地位。他在《益古演段·自序》中指出,"数术虽居六艺之末,而施之人事,则最切实务,故古之博雅君子马郑之流未有不研精于此者也"[①]。可见,古代数学地位虽不如儒学经学,但却是非常实用的,社会生活中不可缺少,博雅之士大都精通数学。李冶还提及"推自然之理,以明自然之数"的数学教学方法,即教学过程中引导学生关注数学内在逻辑关系去进行推论,而不要只是死记硬背去机械记忆,"以力强穷之"[②]。不难发现,尽管数学双基教学思想强调"掌握性",但是关于"如何掌握"的问题,不同学者有着不同的观点。

秦九韶(约 1209—1262 年)是数学教育领域的集大成者,其数学著作《数术大略》在数学史上有着重要地位。《数术大略》,通称《数书九章》,全书分为九大类,分别是大衍类、天时类、田域类、测望类、赋役类、钱谷类、营建类、军旅类和市场类,[③]这九类数学内容均涉及当时的社会生活、生产领域,具有很强的实用性。从体例上看,每类内容有 9 道题,一共 81 题,并且每题均是 4 个字的题名,体例上非常清晰整齐。

杨辉(约 1227—1291 年)是南宋杰出的数学家和数学教育家。作为数学家,杨辉对数学进行研究和著述,有效保留了前人的数学成果,编写数学著作共有 5 种 21 卷,[④]包括《详解九章算法》12 卷、《日用算法》2 卷、《乘除通变本末》3 卷、《田亩比类乘除捷法》2 卷、《续古摘奇算法》2 卷等;作为数学教育家,杨辉积

---

① 李冶.益古演段·自序.影印版:10.[2017−03−05].http://www.guoxuedashi.com/guji/5533h/.

② 李冶.测圆海镜·原序.影印版:9.[2017−03−05].http://www.guoxuedashi.com/guji/5963o/.

③ 李迪.中国数学通史:宋元卷[M].南京:江苏教育出版社,1999:99.

④ 李迪.中国数学通史:宋元卷[M].南京:江苏教育出版社,1999:133.

极从事数学教学活动,为了普及数学教学,编写了数学初学者的自学指南"习算纲目",该纲目涉及教学内容、教学进度、教学方法、教学要点和难点等(见图5.7)。在教学内容上,杨辉强调基础性和实用性。他指出《九章算书》等书"无启蒙日用",故撰写《日用算法》,目的在于"助启蒙之观览云耳"[①],重视数学教学的启蒙性和基础性。杨辉还提及"命题须责实有"[②],认为数学教学内容应以社会生活、生产中提出的计算问题为主;在教学进度上,杨辉强调按内容的深浅程度,循序渐进、稳扎稳打。他在《习算纲目》中,要求学习者先学九九合数,然后是乘除法,再是加减法、九归、求一等,接着是分数,最后是开方等法,如此由浅入深,遵循知识的连贯性和教学的系统性。杨辉还认为分数运算"乃用算之喉襟也",要求学习者学习十天,温习两个月,"必能开释",以巩固掌握;在教学方法上,杨辉强调熟读精思,演算练习并举一反三。他指出学习数学应"玩味注字,自然开晓",反对死记硬背,提倡深入思考。杨辉还要求学生每学一项算法后就要演算练习数日,再温习数日,如此"庶久而无失忘",才能熟能生巧,灵活运用。杨辉的数学教学思想重视基础性、实用性和掌握性,与中国数学双基思想一致;"习算纲目"的制订对中国数学双基教学体系的发展具有标志性意义,它既是中国传统数学双基教学经验的总结,又为中国数学双基教学体系之后的发展定下了基调。

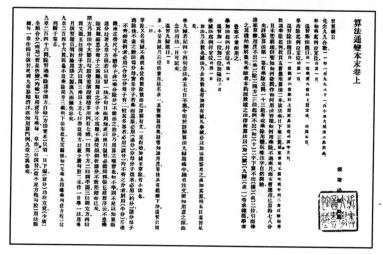

图5.7　习算纲目[③]

①　李俨.十三、十四世纪中国民间数学[M].北京:科学出版社,1957:4—6.

②　李俨.十三、十四世纪中国民间数学[M].北京:科学出版社,1957:4—6.

③　杨辉.算法通变本末·习算纲目[C]//王云五.算法通变本末及其他三种丛书集成.上海:商务印书馆,1936:5—7.

朱世杰（约 1249—1320 年）是宋元时期私学教学中最杰出的职业数学教育家，亦是"四元术"的发明者。他为数学初学者专门编纂《算学启蒙》，该书是一部优秀的数学启蒙教材。《畴人传 52 卷（卷第四十七）》提及《算学启蒙》分三卷，总二十门，凡二百五十九问。[①] 该书在内容编排上从简单四则运算入手，逐步深入，直至高次开方、天元术，几乎包括了当时数学知识的各个方面，形成了基础教育阶段相对完整的数学教学内容体系，为丰富数学双基教学内容作出了贡献。

这些数学大家不但整理和传授数学知识，培养了大量数学人才，而且为中国传统数学教学积累和传承了大量教学方法经验，进一步促进了数学双基教学体系的发展和完善。

本章小结

系统论认为系统的构成至少需要三个条件[②]：1. 有一定的环境；2. 有元素，主要元素即要素；3. 有一定结构，也就是元素之间的相互联系和作用。我国小学数学双基教学系统的创立与这三个条件密不可分。

（1）双基教学形成的环境。隋唐时期，数学专科学校——算学设立，开创了人类历史上由政府设立数学专科学校的先河，标志着中国古代数学专门化程度的进一步提高。算学的设立不但使数学教学成为一个独立系统，而且也为数学双基教学的发展提供了良好的环境条件。

（2）双基教学形成的要素。隋唐时期，从教学活动主体要素看，有专门的教师（博士、助教）和学生，遵循尊师重教的传统，形成传统师生观；从教学目标来看，强调"明数造术，详明术理"，重视培养"学以致用"的数学人才；从教学内容来看，注重基础性、实用性的数学内容，国家颁行教科书《算经十书》；从教学方法来看，重视讲经诵经、自学辅导，引导学生记忆、理解和背诵；从教学评价来看，开设科举"明算科"，强调以考促学，注重考试和分数。教师和学生是数学双基教学活动的主体，构成双基教学师生观要素；教学目的、教学内容、教学方法和教学评价则是双基教学过程要素。双基教学师生观、教学目的、教学内容、教学方法和教学评价共同构成我国小学数学双基教学系统五要素，它们耦合在一起，形成稳定的数学双基教学系统（见图 5.8）。该系统在宋元时期得到进一步

---

① 阮元.畴人传 52 卷（卷第四十七）.清文选楼丛书本：394.

② 徐英俊.教学设计[M].北京：教育科学出版社，2001：24.

发展,第一部由政府颁布的数学教学章程的实施,最早活字印刷的数学教科书的刊印,最早职业数学教育家的出现,等等,有力地促进了我国数学双基教学系统的完善。

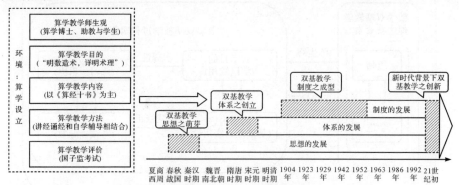

图 5.8　双基教学系统之创立

(3)双基教学的结构。"教学系统的结构是指教学要素之间相对稳定的、有一定规则的联系方式的总和。"[①]我国数学双基教学系统由五要素构成,这些要素以一定规则紧密且稳定地联系在一起。由图 5.9 可见,在双基教学系统环境下,教学活动主体教师和学生在中国社会尊师重教的传统下,形成一种双基教学特征的师生观,即教师具有权威性,主要职责是"传道授业解惑",学生尊重并听从教师。在这种师生观影响下,教学过程要素也呈现出相应的双基教学特征:数学双基教学目的具有强烈的"学以致用"色彩,着眼于"明数造术"和"详明术理",培养当时社会所需的具有一定数学基础知识和基本技能的数学人才。在此教学目的影响下,双基教学内容选择重视"基础性"和"实用性"。受制约于该教学目的和教学内容选择,双基教学方法和评价呈现出一种典型特征,即重视学生数学学习的"掌握性"。双基教学方法重视记忆和理解,引导学生循序渐进地学习,通过多做练习来巩固和掌握扎实的基础知识与基本技能,以实现熟能生巧,教学方法在逻辑上呼应"如何掌握"的问题;而数学双基教学评价注重考试和分数,在逻辑上呼应"掌握到何种程度"的问题。数学双基教学过程四要素之间的联系非常紧密。双基教学目的决定了教学内容的选择,而教学目的和教学内容共同影响了教学方法和教学评价的"掌握性"取向。当然,教学过程四要素并非单向影响,它们是耦合的、双向的关系,存在一定的相互作用。在教学目的决定教学内容选择的同时,教学内容对教学目的有一定的反馈和修正作用;在教学目的和内容影响了教学方法和评价方式的同时,教学方法和评价也

---

①　苗东升.系统科学精要[M].北京:中国人民大学出版社,1998:27—31.

对教学目的和内容作出一定反馈和修正①。

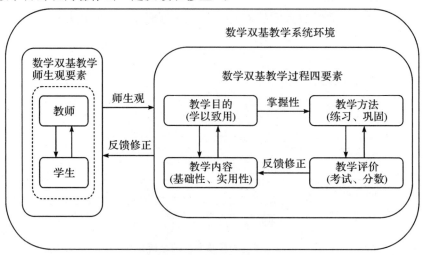

图 5.9 双基教学系统

综上所述,隋唐时期数学教学日趋成熟,算学的设立使数学教学成为一个独立系统,为双基教学的发展提供了良好的环境条件。算学教学有专门的教师和学生,选拔严格,遵循尊师重教的传统;从教学目标来看,重视培养"学以致用"的数学人才;从教学内容来看,注重基础性、实用性的数学内容,整理出一批很有价值的数学经典,如《算经十书》;从教学方法来看,强调数学基本概念和基本技能的教学,并且重视讲授法,引导学生记忆、理解、背诵和熟能生巧;从教学评价来看,强调以考促学,注重考试和分数,国子监算学考试和科举明算科的开设选拔出一批数学专门人才,将数学知识用于现实生活、生产中。隋唐时期的数学教学重视基础性、实用性和掌握性,与双基教学思想一脉相承,并且形成独立而全面的体系。从某种意义上而言,我国数学双基教学系统在隋唐时期已然形成。

---

① 吴文侃.略论现代教学方法系统观[J].外国中小学教育,1997(4):9—11.

第六章　双基教学制度之成型
(1904—1952)

　　关于什么是制度,《辞海》中有两种比较典型的解释:其一,"制度是在一定历史条件下形成的政治、经济、文化等方面的体系",这是一种广义的界定;其二,"制度是要求大家共同遵守的办事规程或行动准则"①,这是一种相对狭义的界定。不同学者基于不同视角对制度也有不同界定。舒尔茨认为"制度是一种行为规则,涉及社会、政治和经济行为"②;诺思认为"制度是一系列被制定出来的规则、守法程序和行为的道德伦理规范,它旨在约束追求主体福利或效用最大化利益的个人的行为"③;青木昌彦认为"制度是关于博弈如何进行的共有信念的一个自我维系系统,以一种自我实施的方式制约着参与人的策略互动,反过来又被他们在连续变化环境下的实际决策不断地再生产出来"④。舒尔茨和诺思均从静态的视角揭示"制度"概念,认为制度是一种规则或规范;而青木昌彦则从动态的视角来解释"制度",认为制度是一种博弈均衡⑤,主要揭示制度是如何形成的。本研究也认可制度是一种规则或规范体系,处于一种动态平衡中。

　　什么是教学制度? 安珑山指出:"教学制度是人们经过长期教学实践创造并形成的规则体系,这些规则体系具有稳定性和普遍性,不但规范着教学主体的行为,而且整合着教学系统的结构。"⑥可见,教学制度是一种相对稳定的规则体系,是人们在教学实践过程中创造和形成的,它制约着教学主体的行为并影响着教学系统的结构。在厘清教学制度概念的基础上,再来看什么是数学教学

---

① 辞海(第六版彩图本)[M].上海:上海辞书出版社,1994:253.

② [美]舒尔茨.制度与人的经济价值的不断提高[C]//[美]科斯,阿尔钦,诺思.财产权利与制度变迁:产权学派与新制度学派译文集.刘守英,等译.上海:上海人民出版社,1994:253.

③ [美]道格纳斯·诺思.经济史中的结构与变迁[M].陈郁,罗华平,译.上海:上海人民出版社,1994:225-226.

④ [日]青木昌彦.比较制度分析[M].周黎安,译.上海:上海远东出版社,2001:28-29.

⑤ [日]青木昌彦.什么是制度? 我们如何理解制度[C]//转轨、规制与制度选择.孙宽平,译.北京:社会科学文献出版社,2004:52.

⑥ 安珑山.论教学制度[J].西北师范大学报(社会科学版),2002(3):106-110.

制度,即人们经过长期数学教学实践创造并形成的规则体系,这些规则体系具有普遍性和稳定性,规范着教学主体行为,整合着数学教学系统的结构。我国数学教学制度中最核心的是与数学教学相关的章程、课程标准及教学大纲等规则体系。从历史的角度看,我国数学双基教学思想重视基础性、实用性和掌握性;在此基础上形成数学双基师生观、教学目的、教学内容、教学方法和教学评价等,构成稳定的数学双基教学体系。双基教学思想和体系不断发展,推动双基教学制度的形成。不同时代的数学教学相关章程、课程标准及教学大纲等有着重视数学双基教学的特征,本研究在此称之为数学双基教学制度,本章主要从历史研究视角出发,以小学教学为例,试图厘清我国数学双基教学制度的形成过程。

第一节　体现"双基"本质的近代第一个学制

宋代"崇宁国子监算学敕令格式"是中国历史上第一部由政府颁布的数学教学章程,涉及算学教师与学生的编制、教学要求、教学内容、考核方法、考试安排及数学人才毕业安排等,可谓中国第一个有文字记载的数学教学制度,该制度已体现出中国传统数学重视双基教学的思想,并且教学体系和结构也相对完整,这在前章已有详细论述。经历了宋元数学发展的鼎盛时期,到了明清,受各种内外因的影响,中国数学及数学教育走向衰落;与此同时,西学东渐、洋务运动等使西方数学不断传入,中国数学教育进入一个特殊时期:从"迷失"到"模仿"到最后理性寻求"回归"之路。在这个特殊时期,中国数学及数学教育尽管有过迷茫和困惑,但传统数学之"双基教学"特征也愈来愈清晰地呈现出来,并且反映在各个时期的数学教学制度中。先来看 1904 年清政府实施的《奏定学堂章程》,即"癸卯学制",该学制是我国近代第一个由政府颁布并实施的学校教育制度①。《奏定初等/高等小学堂章程》之算术科目体现了对小学数学双基教学的重视。

一、《奏定初等/高等小学堂章程》算术科目之形成

"癸卯学制"是"模仿"日本学制而制订的,早在学制酝酿期间,清政府就多次派人去日本考察,"癸卯学制"整个体系与日本学制体系几乎相同。此处的"模仿"是个相当复杂且有深度的概念,亦是古希腊哲学的核心词汇。② 当时选

---

① 王权.中国小学数学教学史[M].济南:山东教育出版社,1995:2.
② 王中原."灵魂"的哲学——从灵魂回归的角度阐释柏拉图的"模仿说"[J].西安社会科学,2010(2):7—9.

择日本学制作为模仿对象,主要有两点原因:其一,前面提及明清时期包括数学教育在内的传统教育在内忧外患的社会背景下处于一种"迷失"期,正在寻求发展之路;其二,当时日本天皇在 1897 年颁布的教学大纲有浓厚的儒家道德色彩,这与中国传统社会文化刚好契合。一方面"迷失"正在寻求路径;另一方面看到模仿对象有自身的传统与影子,于是"模仿"产生了。该模仿对象的选择与其说是外在的,还不如说是内在心理的投射,并且只有在尊重自身传统文化基础上的模仿,才有实现的可能性。

"癸卯学制"规定了教育年限,小学为 9 年,初等小学堂 5 年,高等小学堂 4 年,学生入学年龄为 7 岁。小学教育阶段相关制度主要集中在《奏定初等小学堂章程》和《奏定高等小学堂章程》,这两部章程中包含数学(当时称为"算术")科目相关的教学制度,对算术科目教学要义、教学进度、内容安排和教学方法等均有详细规定。

二、体现"双基"本质的教育要义

(一)"使知日用之计算……"

《奏定初等小学堂章程》规定初等小学堂入学年龄为 7 岁,学制为 5 年,教授科目主要有十门(见图 6.1):修身、读经讲经、中国文字、算术、历史、地理、格致、体操、图画和手工。每周授课时数为 30 课时,其中算术科目每周 6 课时。算术科目要义如下:"在使知日用之计算,与以自谋生计必需之知识,兼使精细其心思。当先就十以内之数示以加减乘除之方,使之纯熟无误,然后渐加其数至万位而止,兼及小数;并宜授以珠算,以便将来寻常实业之用。"[①]不难发现,要义中揭示了当时的数学教学目的、教学内容、教学方法等。

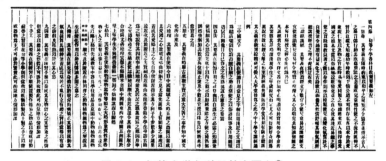

图 6.1　初等小学各科目教育要义[②]

---

① 学制:奏定初等小学堂章程(未完)[J].浙江教育官报,1909(9):49—53.

② 根据"学制:奏定初等小学堂章程(未完)[J].浙江教育官报,1909(9):49—53"和"学制:奏定初等小学堂章程(续)[J].浙江教育官报,1909(10):54—58"整理。

数学教学目的强调"学以致用"。"知日用之计算""以自谋生计""以便将来寻常实业之用"均提及通过数学教学使学生具备社会生活、生产中所必需的数学知识，然后在实践中加以运用。由前章内容可知，这种数学教学目的是典型的中国小学数学双基教学目的。当然，除了"学以致用"，该章程还重视培养学生的数学思维，"兼使精细其心思"，即通过数学教学培养学生条理清晰的逻辑思维。

数学教学内容强调基础性和实用性。"当先就十以内之数示以加减乘除之方"，即数学教学应先教学生十以内数的加减乘除，此外，由表 6.1 可见，初等小学堂的算术科目非常重视基础知识和基本技能（含书法、珠算等）的教学，重视数学教学内容的基础性；"使知日用之计算，与以自谋生计必需之知识"，即数学教学应教给学生日用计算和生活、生产中必需的数学知识，强调数学教学内容的实用性。前章内容提及中国小学数学双基教学内容重视基础性和实用性，该章程数学教学内容选择上满足这两个特征。

表 6.1　《奏定初等小学堂章程》算术科目的教学内容和教学进度[①]

年级	算术科目的教学内容
第一年	数目之名；实物记数；二十以下之算术；书法；计数法；加减。
第二年	百以下之算术；书法；记数法；加减乘除。
第三年	常用之加减乘除。
第四年	通用之加减乘除；小数之书法、记数；珠算之加法。
第五年	通用之加减乘除；简易之小数；珠算之加减乘除。

数学教学方法强调循序渐进和熟能生巧。"先就十以内之数示以加减乘除之方""然后渐加其数至万位而止，兼及小数"：该章程强调在数学教学上应该一步步由浅入深，先教学十以内数的加减乘除，然后数位不断增加，直到万位；数的范畴也是先学习整数，然后推及小数；等等。本研究对《奏定初等小学堂章程》算术科目一至五年级的教学内容进行了整理，表 6.1 可以清晰地看到算术科目教学进度循序渐进的脉络：从实物记数，到二十以下之算术，到百以下之算术，到小数；从小数的书写，到小数的简单运算；从珠算加法，到珠算加减乘除等，均体现了教学进度按一定顺序和步骤在进行。章程中还指出"使之纯熟无误"，也就是使学生熟练并且不犯错误，中国传统数学教学一向重视熟练掌握。由表 6.1 可见，除了一年级教学内容中仅仅提及"加减"（尚未涉及"乘除"内容），二至五年级的教学内容中均提及"加减乘除"，这里并非简单重复，而是体现了教师在教学中重视指导学生通过多次反复练习，稳扎稳打，巩固四则运算，以实现"熟能生巧"。由前章可知，章程所重视的循序渐进和熟能生巧恰恰是中国小学数学双基教学方法的要旨所在。

---

①　根据"学制：奏定初等小学堂章程（续）[J].浙江教育官报，1909（10）：54－58"整理。

(二)"使习四民皆所必须之算法……"

《奏定高等小学堂章程》提及高等小学堂入学条件为初等小学堂毕业生,学制为4年,共设十二门科目,其中教授(必修)科目含修身、读经讲经、中国文学、算术、中国历史、地理、格致、图画和体操九门,随意(选修)科目含手工、农业和商业三门。[①] 每周授课时数为36课时,其中算术科目每周3课时,课时数比初等小学堂少。算术科目要义如下:"在使习四民皆所必须之算法,为将来自谋生计之基本。教授之时,应稍加以复杂之算术。兼使习熟运算之法。"[②]要义中同样反映了当时数学教学目的、教学内容、教学方法等。

"使习四民皆所必须之算法"体现了数学学习内容的基础性和普遍性;"为将来自谋生计之基本"体现了数学学习内容的实用性。两者连在一起,实则体现了"学以致用"的数学教学目的。"应稍加以复杂之算术"并不是指当时数学教学不重视基础性,由表6.2可见,在初等小学堂"简单"数学教学内容的基础上,高等小学堂数学教学内容变得"稍复杂",出现分数、比例、百分数、求积等数学内容,尽管这些内容在程度上有所提高,但仍属基础知识和基本技能范畴。同时,"应稍加以复杂之算术"还体现了学习进度的循序渐进,从简单的初等小学堂算术科目到"稍复杂"的高等小学堂算术科目,知识过渡稳扎稳打。表6.2中一些数学教学内容与表6.1完全一致,如加减乘除、简易之小数、珠算之加减乘除等,这些内容既是初等小学堂的主要学习内容,又是高等小学堂的学习内容,显然它们并不是简单重复,而是在原有基础上的巩固和循序渐进。"使习熟运算之法"则强调数学教学方法上要通过反复练习达到"熟能生巧",与《奏定初等小学堂章程》算术科目提及的"使之纯熟无误"也完全一致。可见,高等小学堂的数学教学在教学目的上同样重视"学以致用";在教学内容选择上同样重视基础性和实用性;在教学进度和方法上同样重视循序渐进、反复练习和熟能生巧。这些要素充分体现了当时数学教学呈现出鲜明的中国小学数学双基教学的特征。

表6.2 《奏定高等小学堂章程》算术科目的教学内容和教学进度[③]

年级	算术科目的教学内容
第一年	加减乘除;度量衡、货币及时刻之计算;简易之小数。
第二年	分数;比例;百分数;珠算之加减乘除。
第三年	小数;分数;简易之比例;珠算之加减乘除。
第四年	比例;百分算;求积;日用簿记;珠算之加减乘除。

---

① 专件:奏定学堂章程(本局摘印通行本)—高等小学堂章程[J].四川官报,1904(28):62—71.
② 大清光绪新法令.清宣统上海商务印书馆刊本:1019—1020.
③ 根据"大清光绪新法令.清宣统上海商务印书馆刊本:1019—1020."整理。

综上所述，尽管"癸卯学制"是模仿日本学制而制订的，从表面上看整个体系与日本学制体系近乎相同；但通过《奏定初等/高等小学堂章程》中有关算术科目相关制度的分析可知，其数学教学目的、教学内容、教学进度和教学方法等方面从本质上呈现出中国数学双基教学的特征，有着鲜明的中国数学文化传统。《奏定初等/高等小学堂章程》有关算术科目的相关制度尽管没有直接以文字的方式提出"双基"，但章程中"要义"的表述还是间接表达了小学数学双基教学的基本要求。

第二节　数学教学"限度"与"知识"
"技能"维度的提出

民国临时政府教育部于 1922 年颁布《学校系统改革案》，这一年为壬戌年，亦称"壬戌学制"，该学制是中国近代教育史上影响最大的学制。[①]

一、《小学算术科课程纲要》之形成及其修订

"壬戌学制"模仿美国"六三三"制而来，是杜威等实用主义教育思想影响中国教育的表现。[②] 壬戌学制的形成有其特定的历史环境，一方面，第一次世界大战爆发，主要资本主义国家忙于战争，使得民族工业获得了"千载难逢之自动发展机会"[③]，对教育提出新的要求；另一方面，新文化运动促进了国外教育思想和理论的传入，尤其是美国实用主义教育代表人物杜威来华讲学，给学制改革带来深刻影响。故教育家陶行知评价壬戌学制是"应时而兴的制度"[④]，而不是简单"模仿"美国学制。

"壬戌学制"颁布后，1923 年，新的学科课程纲要产生，涉及数学学科的是俞子夷拟定的《算术科课程纲要》，小学阶段为《小学算术科课程纲要》。该纲要提及教学"限度"，即教学最低标准，为中国小学数学双基教学中的"基础"两字找到了历史依据，该纲要一直沿用到 20 世纪 20 年代后期。1927 年南京国民政府成立，数学教学仍遵循"壬戌学制"和 1923 年的《小学算术科课程纲要》[⑤]，并于 1929 年、1932 年和 1936 年进行了三次修订。其中 1929 年的《小学算术课程暂

① 钱曼倩，金林祥.中国近代学制比较研究[M].广州：广东教育出版社，1996：215.
② 顾树森.中国历代教育制度[M].南京：江苏人民出版社，1981：276.
③ 陈真，姚洛.中国近代工业史资料（第一辑）[M].上海：三联书店，1957：8.
④ 陶行知.陶行知教育文选.[M].北京：教育科学出版社，1981：18.
⑤ 刘久成.小学数学课程 60 年（1949—2009）[M].镇江：江苏大学出版社，2011：10.

行标准》第一次提出知识、技能和思维三个维度的数学教学目标,尤其是"知识"和"技能"维度的区分为小学数学双基教学之"双"的形成奠定了基础。1939 年,全国教育会议召开,国民政府教育部决定对 1936 年颁布的《修正小学算术课程标准》进行修订,并分别于 1942 年和 1948 年进行了两次修订,其中 1942 年颁布的《小学课程修订标准》首次从制度层面提出注重"基础知识技能"(见图 6.2)的目标。

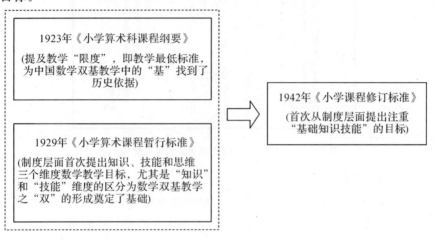

图 6.2　制度层面"双""基"的首次提出

二、数学教学"限度"的提出

1923 年的《小学算术科课程纲要》包括四部分:教学主旨、教学限度、教学程序和教学方法。下面进行具体分析。

(一)教学主旨

《小学算术科课程纲要》拟定小学数学教学主旨(见图 6.3)为"练习处理数和量的问题,以运用处理问题的必要工具"。具体要点如下:①在日常的游戏和作业里,得到数量方面的经验;②能解决自己生活状况里的问题;③能自己寻求问题的解决方法;④有计算正确而且敏速的习惯。[①] 该主旨实则反映了"学以致用"的数学教学目的:学生学习数量方面的知识经验,掌握正确敏速的运算技能,然后"解决自己生活状况里的问题",为适应社会生活、生产做准备。不难发现,该教学目的既注重数学知识的学习,又关注数学技能的培养,并且强调"学以致用",有着鲜明的实用性,与中国传统数学教学目的相一致。

---

① 俞子夷.新学制小学课程纲要草案:算术科课程纲要(附表)[J].教育杂志,1923,15(4):5—6.

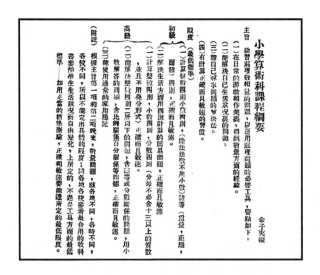

图 6.3　《小学算术科课程纲要》教学主旨和限度①

（二）教学限度

《小学算术科课程纲要》规定了小学数学教学限度（见图 6.3），即小学生需掌握的小学数学教学内容的最低标准，分为初级和高级。初级最低标准：（1）计算整数四则、小数四则（除法法数不用小数）、诸等（重量、距离、面积）四则，正确而且敏速；（2）解决生活方面用四则计算的简易问题，正确而且敏速。高级最低标准：（1）计算整数四则、小数四则、分数四则（分母不必含十三以上的质数，并且不用叠分形式），正确而且敏速；（2）能解决整数四则二层以下的问题，含诸等或分数关系的问题，用小数解答的问题，含比例关系、百分关系等问题，正确而且敏速；（3）能使用通常的家用簿记。②从初级和高级最低标准可见，当时数学教学内容具有鲜明的数学双基教学内容的特征，即"基础性"和"实用性"。首先是基础性，不论是数学知识还是数学技能，最低标准仅仅涉及最基础和基本的内容，高级阶段对分数四则计算的最低要求仅是"分母不必含十三以上的质数"，对解决整数问题的最低要求仅是"解决整数四则二层以下的问题"，不难发现，这些要求掌握的数学知识和技能均是基础知识和基本技能。其次是实用性，初级阶段提出"解决生活方面用四则计算的简易问题"，高级阶段提出能解决一系列生活、生产中的数学问题，并能"使用通常的家用簿记"，这些教学内容均有着

---

① 根据"俞子夷.新学制小学课程纲要草案：算术科课程纲要（附表）[J].教育杂志，1923，15（4）：5—6"整理。

② 法数即除数；诸等数即复名数；叠分即繁分；二层即二步。俞子夷.新学制小学课程纲要草案：算术科课程纲要（附表）[J].教育杂志，1923，15（4）：5—6.

很强的实用性,有助于"学以致用"教学目的的实现。

(三)教学程序

《小学算术科课程纲要》之教学程序即数学课程教学进度,涉及每学年数学教学内容的安排。"壬戌学制"也称"六三三制",小学阶段共六年,由图 6.4 可见,教学内容安排上不但重视基础知识和基本技能,而且六年期间教学内容安排循序渐进,稳扎稳打。从二年级"二位、三位数"的读法、写法,到三年级"四位、五位数"的读法、写法,到四年级小数和诸等数的读法、写法;从整数教学到小数教学再到分数、百分数教学;特别值得一提的是,从三年级开始,每学年进度描述中一开始均出现"同第＊年",如三年级一开始出现"同第二年",四年级一开始出现"同第三年",五年级一开始出现"同第四年",六年级一开始出现"同第五年",这里"同第＊年"并不是简单重复,而是表明每一学年皆基于前一学年进行教学,内容从易到难、由简入深;并且每一学年均重视前一学年的复习巩固,以便学生更好地掌握数学基础知识和基本技能,以实现"正确而且敏速"。

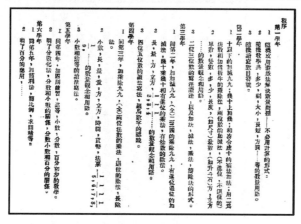

图 6.4　《小学算术科课程纲要》教学程序[1]

(四)教学方法

《小学算术科课程纲要》教学方法(见图 6.5)提到四个注意点:①宜注意从学生生活里,使学生发生需要工具的动机;②计算宜注重练习,以便养成正确迅速的习惯;③问题以切合学生生活的为主体;④方法原理宜用归纳的建造,不宜用演绎的推展。[2]不难看出,教学方法论及的四个注意点虽然部分地受到杜威实

---

① 根据"俞子夷.新学制小学课程纲要草案:算术科课程纲要(附表)[J].教育杂志,1923,15(4):5—6"整理。

② 俞子夷.新学制小学课程纲要草案:算术科课程纲要(附表)[J].教育杂志,1923,15(4):5—6.

用主义教育思想的影响,关注儿童的主体性;但是,从本质上来讲,该教学方法仍然体现出中国传统数学教学方法的特征。其一,教学方法注重练习,强调掌握性,并且掌握的维度有二:一为正确率高;二为速度快。其二,注重归纳思维的培养,忽视演绎思维的培养,从前面章节论述可知,中国传统数学教学一贯如此。其三,关注学生从生活中学习数学,注重启发引导学生,这其实并不是杜威的"原创"。早在孔子时期,就十分重视因材施教,提倡关注每位学生个体,并提出"不愤不启,不悱不发"①;《学记》中也提及"君子之教,喻也"②,此处的"喻"即启发诱导,可见,中国自古就关注学生个体,重视启发式教学。尽管隋唐以后科举制发展过程中,数学教学和其他学科一样,一度过于强调注入式教学和"死记硬背",但从历史视角来看,中国传统数学教学方法最核心的特征是注重"掌握性",而非注入式教学和"死记硬背"。"掌握性"关注的是学生的掌握程度,即正确率和速度,而对于如何掌握并没有单一要求,注入式教学和"死记硬背"仅仅是历史某个阶段选择的产物,并不能体现中国传统数学教学的特征。

图 6.5 《小学算术科课程纲要》教学方法③

不难发现,"壬戌学制"尽管模仿美国学制,但《小学算术科课程纲要》中有

---

① 杨伯峻.论语译注[M].北京:中华书局,1980:68.

② 高时良.学记评注[M].北京:人民教育出版社,1982:74.

③ 根据"俞子夷.新学制小学课程纲要草案:算术科课程纲要(附表)[J].教育杂志,1923,15(4):5—6"整理。

关教学目的、教学内容、教学进度和方法等方面的规定均体现出鲜明的中国传统数学教学特色,尤其是中国小学数学双基教学的特征。《小学算术科课程纲要》中提及的教学"限度",即教学最低标准,为中国小学数学双基教学中的"基础"两字找到了历史依据,凸显出当时数学教学对于基础知识和基本技能的重视。

三、数学教学"知识"和"技能"目标维度的首次提出

1928 年国民政府通过名为《中华民国学校系统》[①]的学制系统案,将教育分为初等、中等和高等教育;其中初等教育修业年限为 6 年,分初、高两级,前四年为初级,后两年为高级。1929 年 8 月,国民政府教育部颁布《小学课程暂行标准》,同时,组织力量编订各科课程标准。《小学算术课程暂行标准》的编写工作由俞子夷领衔,并于同年颁布。

《小学算术课程暂行标准》第一条涉及数学教学目的,从知识、技能和思维个三维度提出要求[②],分别是:①助长儿童生活中关于数量的常识和经验;②养成儿童解决日常生活里数量问题的实力;③练成儿童日常计算敏速和准确的习惯。[③] 这是制度层面首次提出知识、技能和思维三个维度的数学教学目的,尤其是"知识"和"技能"维度的区分为小学数学双基教学之"双"的形成奠定了基础。

《小学算术课程暂行标准》与 1923 年的《小学算术科课程纲要》一样,设定了数学教学的最低限度。初级结束的最低限度如下:①会计算整数四则题目,正确而敏速;②明白斤两、丈尺寸、石斗升、元角分厘、亩分厘毫、年月日时星期、里等的关系;③解决儿童生活里用四则计算的简易问题,正确而敏速。高级毕业的最低限度如下:①会计算整数四则、小数四则的题目,正确而敏速;②明白日常诸等关系、分数概要,掌握经济与数量方面的常识;③会解决日常生活里的普通问题,正确而敏速;④会处理普通的家庭簿记,会阅读通常简易的统计图表。[④] 这些教学最低限度实际上是要求学生掌握最基础的数学知识和技能,这些知识和技能不但具有基础性,而且还有很强的实用性,与社会生活、生产紧密联系在一起。

四、数学教学"基本知识技能"的首次提出

1937 年 7 月 7 日"卢沟桥事变"后,抗日战争全面爆发,国民政府教育部为

①　王培林.第二次中国教育年鉴(乙编)[Z].北京:商务印书馆,1949:5—6.
②　王权.中国小学数学教学史[M].济南:山东教育出版社,1995:178.
③　刘久成.小学数学课程 60 年(1949—2009)[M].镇江:江苏大学出版社,2011:10.
④　课程教材研究所.20 世纪中国中小学课程标准、教学大纲汇编(数学卷)[G].北京:人民教育出版社,2001:20—21.

了配合后方建设的需要,于1942年颁布《小学课程修订标准》。该标准总的教学目的描述为:"注重发展儿童身心,培养国民道德、民族意识及生活所必需之基本知识技能,以期养成修己、善群、爱国之公民为目的。"[①]该教学目的旨在培养"学以致用"的人才,有着明显的社会取向,并且覆盖小学所有科目,也包括算术(数学)科目。该教学目的首次明确提出"双基"概念,并对"基本知识技能"作出解释:①增进运用书数及科学的基本技能;②训练劳动生产及有关职业的基本技能。[②] 该教学目的的提出意义深远,它首次在制度层面上明确提出"基本知识技能",为中国数学双基教学制度层面的形成提供了核心关键词。

此外,有三点值得关注,其一,1942年《小学课程修订标准》中提到的"双基"和当前"双基论"中提及的"双基"在概念内涵上有一定差异,尤其是"基本技能"的界定,《小学课程修订标准》中提及的"基本技能"更注重实用性,强调社会生活、生产中与职业相关的技能;而当前"双基论"中的"基本技能"分为动作技能和智慧技能,但主要是智慧技能。会算、会作图、会推理是三种数学基本技能。[③]当然,这种差异不难理解,自1942年首次提出"双基"概念后,"双基论"就一直在不断发展。其二,部分学者认为首次明确提出"双基"概念的时间是1952年,如汪潮指出"1952年3月教育部颁发的《中学暂行规程(草案)》中首次明确提出'双基'概念"[④],又如田中、徐龙炳认为"双基最早可以追溯到教育部1952年3月18日颁行的《中学暂行规程(草案)》"[⑤],再如严家丽、王光明认为"双基教学的提法是我国教育工作者在二十世纪五六十年代的创造"[⑥],等等。本研究认为首次制度层面明确提出"双基"概念的时间应为1942年,而首次制度层面明确规定小学数学"基础知识和基本技能"范畴的时间是1952年,本章第三节将会进行详细分析。其三,部分学者认为"双基论"是在学习苏联的基础上形成的,如李涛认为"双基理论受苏联'基本知识'教养理论的影响"[⑦]。由前面章节的论述可知,本研究以为小学数学双基教学思想自春秋汉代开始形成,双基教学系统在隋唐初具规模,制度层面首次提出"双基"概念在1942年,而苏联教育理论对中国教育产生影响主要是在新中国成立初期,故本研究认为:中国数学双基

---

① 王权.中国小学数学教学史[M].济南:山东教育出版社,1995:224.

② 王权.中国小学数学教学史[M].济南:山东教育出版社,1995:224.

③ 曹才翰,章建跃.数学教育心理学[M].北京:北京师范大学出版社,2006:223.

④ 吴奋奋,汪潮."双基论"的回顾与反思[J].课程·教材·教法,1996(12):5—9.

⑤ 田中,徐龙炳.我国中学数学"双基"教学的历史沿革初探[J].常熟高专学报,1999,13(4):14—17,20.

⑥ 严家丽,王光明.60年来数学双基教学研究反思[J].课程·教材·教法,2010,30(9):63—67.

⑦ 李涛.新中国历次课程改革中的"双基"理论与实践探索[J].课程·教材·教法,2009,29(12):77—86.

教学理论是土生土长的,有着悠久的历史并呈现出鲜明的中国传统数学教学的特征。

<h1 style="text-align:center">第三节　规定"双基"范畴后第一个
统一的数学教学大纲</h1>

新中国成立初期,中央人民政府开始着手旧教育改造,1950 年 7 月颁布第一个小学数学课程标准《小学算术课程暂行标准(草案)》。[①] 当时我国南北两地差异大,仍然沿用过去的教材。为适应经济建设发展需要,政府开始推行统一的社会主义教育体制,1952 年 3 月 18 日颁布《小学暂行规程(草案)》,这是新中国第一个全面规范小学课程的政策,明确了小学性质、任务和培养目标等,并规定小学修业年限为 5 年,入学年龄为 7 足岁。[②] 与此同时,教育部着手制订统一的小学数学教学大纲,并于 1952 年 12 月颁布《小学算术教学大纲(草案)》,该大纲是新中国成立后第一个统一的数学教学大纲。

一、《小学算术教学大纲(草案)》的形成

《小学算术教学大纲(草案)》主要"模仿"苏联,1950 年苏联颁布《初等学校算术教学大纲》;1952 年 2 月,中央教育部翻译室组织翻译并出版《苏联初等学校算术教学大纲》;同年 7 月,小学各科教学大纲起草委员会在教育部组织下成立,以苏联教学大纲为蓝本编写《小学算术教学大纲(草案)》,并于 1952 年 12 月颁布。

我国部分学者认为首次明确提出"双基"概念的时间是 1952 年,并且是在学习苏联教育理论和教学大纲的基础上形成的。研究者对此持不同观点,本研究认为中国数学双基教学是中国土生土长的,有着悠久历史并呈现出鲜明的中国传统数学教学的特征。若要溯源,可以说自春秋汉代开始形成小学数学双基教学思想,隋唐时期双基教学系统初具规模,而制度层面首次提出"双基"概念应在 1942 年。当然,不容置疑的是,苏联教学大纲对中国数学双基教学制度的形成确实产生了重要影响;但是,并不能因此断言数学双基教学是在苏联教育理论和教学大纲的基础上形成的。自春秋汉代数学双基思想形成后,历史上出现过的不少国内外数学教学方针、政策、文件等都对我国数学双基教学的形成

---

① 刘久成.小学数学课程 60 年(1949—2009)[M].镇江:江苏大学出版社,2011:13.
② 刘久成.小学数学课程 60 年(1949—2009)[M].镇江:江苏大学出版社,2011:23.

和发展起到一定推动作用,苏联教学大纲仅仅是在特殊时段发挥了特殊影响而已。本研究第八章第三节将基于"路径依赖理论"对该问题作进一步深入思考和阐释。

二、数学"基础知识和基本技能"范畴的首次规定

1952 年的《小学算术教学大纲(草案)》不但对数学教学目的、教学要求等作了明确规定,而且对小学五年(苏联为四年)数学教学的基础知识和基本技能作了清晰描述,这是中国数学教学制度层面首次规定小学数学"双基"范畴,并且,在此基础上,《小学算术教学大纲(草案)》还对课程内容、教学进度和教学方法等作了具体说明。

(一)教学目的

《小学算术教学大纲(草案)》提及数学教学任务,实则反映了小学数学教学目的:一方面"保证儿童自觉地和巩固地掌握算术知识和直观几何知识,并使他们获得实际运用这些知识的技能";另一方面"培养和发展儿童的逻辑思维,使他们理解数量和数量间的相依关系,并作出正确的判断"。[1] 不难发现,1952 年教学大纲尽管是"模仿"苏联教学大纲的"新生事物",事实上,从历史的角度看,该大纲与重视实用性、掌握性的中国数学双基教学思想一致,不但强调数学基础知识和技能的掌握,而且重视"学以致用"。

(二)双基范畴

在明确数学教学目的基础上,《小学算术教学大纲(草案)》对学生在五年学习期间应掌握的基础知识和基本技能作了明确规定:①整数四则运算(包括无名数和名数)的巩固知识、口算和笔算的熟练技巧;②市用制和公用制度、量、衡计算法,以及时间计算法的巩固知识和实际应用的技能;③分数、小数、百分率的初步知识和简单小数四则的计算技能;④直观几何的基本知识和实际应用这些知识的技能;⑤解各种整数应用题的技能。[2] 不难发现,该大纲规定的"双基"范畴有两个特点:其一,教学内容具有基础性和实用性的特征,大纲规定的教学内容主要有五大板块,分别是整数四则运算,复名数四则,直观几何知识,分数、小数和百分率,以及应用题,这些内容要求掌握的程度都是非常基础的,并且强调这些内容在实际生活中的应用;其二,"基础知识"和"基本技能"两者紧密联

---

[1] 课程教材研究所.20 世纪中国中小学课程标准、教学大纲汇编(数学卷)[G].北京:人民教育出版社,2001:55.

[2] 课程教材研究所.20 世纪中国中小学课程标准、教学大纲汇编(数学卷)[G].北京:人民教育出版社,2001:55.

系在一起,同一个知识点往往既有"基础知识"方面的要求,又有"基本技能"方面的要求。可见,该大纲十分重视儿童应掌握知识和技能的基础性和实用性,充分体现了数学双基教学特色。

(三)教学方法

《小学算术教学大纲(草案)》还提及数学教学方法的要领:①重视口算的熟练技巧。②重视从直观教学开始发展儿童抽象的数学概念和抽象思维,如观察实物,实地练习测量制图,利用教具、模型、图表等。③重视练习、复习和检查。依靠各种练习来培养儿童计算的熟练技巧,在练习前教师必须详细讲解,使儿童理解透彻,保证他们在练习中能自觉地运用思考,顺利地解答问题,练习除在课内进行外,还要在课外进行,养成巩固的熟练技巧;通过有系统地进行复习和检查使儿童更巩固地掌握所学的教材,除日常的复习检查以外,在每一个阶段结束和学期、学年终了时都应进行总复习和成绩的考查。④重视培养数学学习的明确性与准确性等优良品质,教师在教学时,必须要求儿童在笔算和口算方面都要做到完全正确和准确,书写要工整,并对演算结果负责。⑤重视培养儿童在数学学习过程中有始有终、善于钻研、克服困难、创造等意志和品格。[①] 不难发现,该大纲与1950年《苏联初等学校算术教学大纲》[②]关于教学方法的表述基本一致,尽管是"模仿"苏联教学大纲,但不容否认的是,该大纲所明确的教学方法与重视实用性、掌握性的数学双基教学完全一致,也与我国传统教学理念完全吻合,如强调教师通过启发诱导促进学生学习,教学过程中注重练习和巩固掌握从而达到熟能生巧,学习品质上注重勤奋苦学等。而这些传统教学理念,中国早在春秋战国时期已然形成。研究者不禁诧异:1952年教学大纲真的是"模仿"苏联大纲吗? 抑或是1950年苏联教学大纲"模仿"了中国传统数学教学?

本章小结

宋代"崇宁国子监算学敕令格式"是我国历史上第一部由政府颁布的数学教学章程,可谓中国第一个有文字记载的数学教学制度,该制度已体现出中国

---

① 根据"课程教材研究所.20世纪中国中小学课程标准、教学大纲汇编(数学卷)[G].北京:人民教育出版社,2001:59—60"整理。

② 俄罗斯苏维埃联邦社会主义共和国教育部.苏联初等学校算术教学大纲(1950年版)[J].人民教育,1952(5):45—49.

传统数学重视双基教学的思想,并且教学体系和结构也相对完整。我国近代第一个由政府颁布并实施的学校教育制度是 1904 年的《奏定学堂章程》,小学教育阶段与数学相关的制度主要集中在《奏定初等/高等小学堂章程》,该章程尽管没有直接以文字的方式提出"双基",但教学目的、教学内容、教学进度和教学方法等方面从本质上呈现出中国数学双基教学的特征,有着鲜明的中国数学教学传统。"壬戌学制"颁布后,1923 年俞子夷拟定《小学算术科课程纲要》,该纲要提及教学"限度",即教学最低标准,为中国小学数学双基教学中的"基础"两字找到了历史依据,凸显出当时数学教学对于基础知识和基本技能的重视。1929 年的《小学算术课程暂行标准》从制度层面首次提出知识、技能和思维三个维度的数学教学目标,尤其是"知识"和"技能"维度的区分为小学数学双基教学之"双"的形成奠定了基础。1942 年颁布的《小学课程修订标准》首次从制度层面提出注重"基础知识技能"的目标。1952 年《小学算术教学大纲(草案)》对小学五年数学教学的"基础知识和基本技能"作了清晰描述,这是中国数学教学制度层面首次规定小学数学"双基"范畴。

如上所述,在双基教学思想的影响下,双基教学系统不断发展完善,双基教学开始以制度的形式稳定下来。我国数学双基教学制度的成型是一个水到渠成的过程(见图 6.6)。以小学数学为例,自 1923 年制度层面提及教学"限度",即教学最低标准,形成小学数学双基教学之"基";1929 年制度层面首次区分知识、技能两个维度,形成小学数学双基教学之"双";1942 年制度层面首次出现关键词"基础知识技能",把"双"和"基"联系在一起;至 1952 年制度层面首次规定小学数学"基础知识和基本技能"范畴,标志着我国小学数学双基教学制度层面上的正式形成。

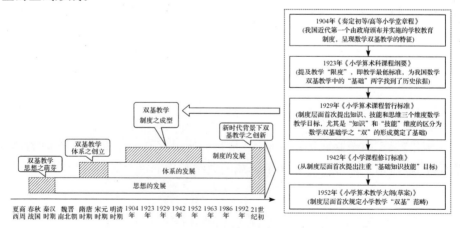

图 6.6　双基教学制度之成型

第七章 新时代背景下双基教学之创新(21世纪初)

　　1952年12月,教育部颁布《小学算术教学大纲(草案)》,该大纲是新中国成立后第一个统一的数学教学大纲,对小学五年数学教学的"基础知识和基本技能"作了清晰描述,这是我国数学教学制度层面首次规定小学数学"双基"范畴。此后,我国数学双基教学理论和实践一直处于不断发展和探索中。1988年《九年制义务教育全日制小学数学教学大纲(初审稿)》进一步明确了"双基"意义,指出:"数学是学习现代科学技术必不可少的基础和工具。它在日常生活、生产建设和科学研究中,有着广泛的应用。因此,掌握一定的数学基础知识和基本技能,是我国公民应当具备的文化素养之一。"[①]

　　20世纪90年代进入知识经济时代,知识成为重要的生产要素,其对经济增长的贡献率显著提高,明显超过其他生产要素贡献率之总和。在这样的时代背景下,国际竞争聚焦于创新型人才竞争,而创新型人才培养的关键在于教育,尤其是基础教育,各个国家均在反思本国教育的基础上进行改革,我国也试图通过"课程改革"实现新时代创新型人才培养目标。一方面由于知识经济时代的到来,社会需要的人才规格发生巨大变化;另一方面传统应试教育的加剧和唯分数论思潮的影响使得"双基"教学出现"异化"[②]。在这样的新时代背景下,我国数学双基教学与时俱进,不断发展,并且出现突破和创新。

第一节　从"双基"到"三维目标"

一、"三维目标"的提出

　　2001年6月,教育部颁布基础教育课程改革之指导性文件《基础教育课程

---

　　① 课程教材研究所.20世纪中国中小学课程标准、教学大纲汇编(数学卷)[G].北京:人民教育出版社,2001:133.

　　② 朱黎生,沈南山,宋乃庆.数学课程标准"双基"内涵延拓的教育思考[J].课程·教材·教法,2012(5):41—45.

改革纲要(试行)》,提出:"改变课程过于注重知识传授的倾向,强调形成积极主动的学习态度,使获得基础知识与基本技能的过程同时成为学会学习和形成正确价值观的过程。"①其后,教育部原副部长王湛在全国基础教育课程改革实验工作会议上讲话,他强调"课程的功能要从单纯注重传授知识转变为体现引导学生学会学习,学会生存,学会做人";他还指出"要依据时代特点重新界定新时期基础知识与基本技能的概念","强调学习的过程与方法","尤为重要的是要培养学生正确的价值观、人生观和世界观"②,由此出现"三维目标"。

"三维目标"即"知识与技能、过程与方法、情感态度与价值观"等三个维度目标,各学科课程标准在体现三个维度目标要求时也不一致,2001年7月教育部颁布《全日制义务教育数学课程标准(实验稿)》总体目标就包括"知识与技能""数学思考""解决问题""情感与态度"四个方面。

二、数学教学从"双基"到"三维目标"

(一)从"双基"到"三维目标"是一种突破

"三维目标"即"知识与技能、过程与方法、情感态度与价值观"等三个维度目标。其中"知识与技能"目标强调学生基础知识和基本技能的掌握,即"双基";"过程与方法"目标重视学生的学习过程和方法;而"情感态度与价值观"目标则关注学生人格的完善。从形式上看,三维目标比传统目标更"立体"。"双基"教学更多关注"基础知识和基本技能的掌握",是"一维"视角;而"三维目标"不仅关注"知识与技能",还关注"过程与方法",以及"情感态度与价值观",是"三维"视角。其中"过程与方法"目标关注学生的学习过程,倡导探究、体验、合作、对话、反思等教学方式;"情感态度与价值观"目标也主张达成途径的多样性,依据不同情境,有时通过师生之间体验、合作、对话等方式展开,有时则通过阅读文本、反思等途径深入理解。③ 不难发现,增加的"两维"与传统注重"学习结果"的目标不同,将关注点更多聚焦"学习过程"。

从内容上看,三维目标蕴含了"人的发展"。从"一维"拓展为"三维",不仅使目标视域更广,而且凸显了新的改革意图,即关注"人的发展"④,强调探究能力和创新精神的培养,而不仅仅是"学科知识技能的掌握"。三维目标超越了传

---

① 教育部.基础教育课程改革纲要(试行)[S].人民教育,2001(9):6−8.

② 钟启泉,崔允漷.为了中华民族的复兴,为了每位学生的发展——《基础教育课程改革纲要(试行)》解读[M].上海:华东师范大学出版社,2001:3−29.

③ 黄伟.教学三维目标的落实[J].教育研究 2007(10):56−57.

④ 杨九俊.新课程三维目标:理解与落实[J].教育研究,2008(9):40−46.

统"以知识为本"的目标体系,构建出"以人为本"的目标体系①,从这个意义而言,"双基"到"三维目标"是我国数学教学的一种突破。

（二）"三维目标"的根扎在"双基"中

三个维度中,"知识与技能"目标是主线,贯穿于数学教学始终,"过程与方法""情感态度与价值观"目标的实现要依托数学"知识与技能"目标的掌握,并且"知识与技能"目标具有显性、确定性的特征,而"过程与方法""情感态度与价值观"目标则具有隐性、不确定性特征;在数学教学中,如果脱离了数学"知识与技能"目标,那么"过程与方法""情感态度与价值观"目标都将失去根基而发生游离,也就是说,"过程与方法""情感态度与价值观"的"根"扎在数学"知识与技能"中。② 由此可见,三维目标并不是否认"双基",而是基于"双基"的深度理解和融会贯通。

第二节　从"双基"到"四基"

一、"四基"的提出

我国早在1992年数学教学大纲中已经有了"四基"雏形,当时"四基"是指基础知识、基本技能、基本能力和基本态度;③2004年章建跃就指出数学"双基"应该发展为"四基";2006年史宁中进一步提出应把"双基"发展为"四基",并明确在"基础知识"和"基本技能"外,增加"基本思想"和"基本活动经验"④;2007年《全日制义务教育数学课程标准（实验修订稿）》已将"四基"纳入课程目标⑤,但该文件并未正式颁布⑥;在总结十年课程改革经验基础上,2011年修订完成《义务教育数学课程标准（2011年版）》,该标准在《国家中长期教育改革和发展规划纲要（2010—2020年）》指导下,课程总目标中正式提出:"通过义务教育阶段的数学学习,学生能获得适应社会生活和进一步发展所必需的数学的基础知

---

① 陶本一.学科教育学[M].北京:人民教育出版社,2002:105.

② 黄伟.教学三维目标的落实[J].教育研究,2007(10):56—57.

③ 中华人民共和国教育部.九年制义务教育全日制初中数学教学大纲(试用)[S].北京:人民教育出版社,1992.

④ 朱雁,鲍建生.从"双基"到"四基":中国数学教育传统的继承与超越[J].课程·教材·教法,2017(1):62—68.

⑤ 中华人民共和国教育部.全日制义务教育数学课程标准(实验修订稿)[S].北京:人民教育出版社,2007.

⑥ 赵春红.论小学数学从"双基"发展为"四基"[J].考试周刊,2012(67):72—73.

识、基本技能、基本思想、基本活动经验。"①其中,基础知识和基本技能是我国数学教育的传统优势,应该保持并且赋予新意;基本思想和基本活动经验是培养学生数学素养和创造性思维的重要条件,应该加以重视和落实。②

二、数学教学从"双基"到"四基"

(一)从"双基"到"四基"是一种拓延

数学"四基"是对数学"双基"的一种拓延,在原有"基础知识""基本技能"的基础上,增加了"基本思想""基本活动经验"。拓延的两"基"价值何在?众所周知,重视基础知识和基本技能的"双基"教学使我国学生知识掌握得好,却难培养出新时代所需的创新型人才;重视基本思想和基本活动经验的教学主旨就是培养创新型人才。由此可见,从"双基"到"四基"既是一种拓延,更是一种与时俱进的发展。其中"基本思想"是最上位的思想,包括"演绎"和"归纳",它是整个数学教学的主线,是学生一旦领会即能受益终身的那类数学思想。③"基本活动经验"旨在引导学生思考问题,培养学生数学思维方法,从而提升学生的智慧和创造力。④

张奠宙在"双基"基础上提出"四基"模块的观点,他认为:数学基础知识、基本技能和基本思想方法都属于数学内容,是学生需要掌握的客体对象;而数学基本活动经验则具有学生参与的主体特征。从这个意义上说,传统"双基"教学注重对客观数学知识和技能的描述,而"四基"教学则是具有学生主体参与的教学。

(二)"双基"是"四基"的内核

史宁中认为:"中国的数学教育,如果一方面保持数学'双基'教学这个内核,另一方面又创设合适的教学情境,让学生感悟'基本思想',积累'基本活动经验',这样就有助于学生数学核心素养的形成和发展。"⑤他指出数学"双基"是"四基"的内核,肯定基础知识和基本技能内核的同时,也强调增加基本思想和基本活动经验。

张奠宙也指出"四基"内部存在紧密的有机联系,是一个三维模块,学生的

---

① 中华人民共和国教育部. 义务教育数学课程标准(2011年版)[S]. 北京:人民教育出版社,2012:8.

② 史宁中,马云鹏,刘晓玫. 义务教育数学课程标准修订过程与主要内容[J]. 课程·教材·教法,2012(3):50—56.

③ 史宁中.《数学课程标准》的若干思考[J]. 数学通报,2007(5):1—5.

④ 史宁中. 史宁中教授解读《数学课程标准》的"目标"及"核心词"[EB/OL]. (2012—12—09)[2017—01—05]. http://wenku.baidu.com/view/52751bffba0d4a7302763aa7.html.

⑤ 史宁中. 推进基于学科核心素养的教学改革[J]. 中小学管理,2016(2):19—21.

数学学习就建立在模块之上。如图 7.1 所示,数学"基础知识"和"基本技能"构成最基础的二维模块,在此基础上加上"基本思想",形成立体的三维数学基础模块,而"基本活动经验"则是填充在前述三维模块中间的黏合剂。① 学生通过基本数学活动获取经验,这些经验与数学基础知识、基本技能、基本思想互相交融,渗透在整个数学教学活动中。

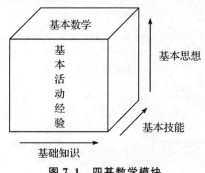

图 7.1　四基数学模块

第三节　从"双基"到"核心素养"

一、"核心素养"的提出

21 世纪知识经济时代信息日新月异,为了适应瞬息变化的新时代对人才发展的需求,各国际组织或经济体均在关注 21 世纪核心素养问题。最早提出"素养"的是经济合作与发展组织(Organization for Economic Cooperation and Development,简称 OECD),于 1997 年启动核心素养框架的研制工作,2005 年公布报告《素养的界定与遴选》(Definition and Selection of Competencies,简称 DeSeCo)。OECD 认为素养是"在特定情境中,通过利用和调动心理社会资源(包括技能和态度),以满足复杂需要的能力"②。2002 年欧盟指出:"核心素养代表了一系列知识、技能和态度的集合,它们是可迁移的、多功能的,并且这些素养为终身学习奠定基础。"③2005 年欧盟发布《终身学习核心素养:欧洲参考

---

① 朱雁,鲍建生. 从"双基"到"四基":中国数学教育传统的继承与超越[J]. 课程·教材·教法,2017(1):62—68.

② OECD(2005). The Definition and Selection of Key Competencies[Executive Summary][EB/OL]. [2017-01-05]. http://www.oecd.org/redirect/dataoecd/47/61/3507367.pdf.

③ Working Group B. The Key Competencies in a Knowledge-Based Economy:A First Step Towards Selection,Definition and Description[EB/OL]. (2002-03-27)[2017-01-05]. http://archivio. invalsi. it /ri2003 /moe /sito /docCD/Altri% 20documenti% 20Commissione% 20Europea /key% 20competencies_27_03_02_en. doc.

框架》,为欧盟各国教育政策制定及课程改革提供了框架。美国亦于 2002 年启动 21 世纪核心技能研究项目,创建了美国 21 世纪技能联盟(简称 P21),致力于探寻学生能获得成功的 21 世纪核心技能,并在此基础上建立 21 世纪核心技能框架(见图 7.2)。图中外环部分即核心素养,主要包括"学习与创新技能""信息、媒体与技术技能"和"生活与职业技能"等三个方面。

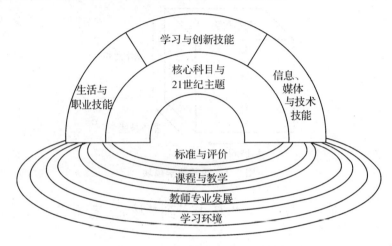

图 7.2 美国 21 世纪核心技能框架[①]

我国自 2014 年起掀起新一轮课程改革,"落实立德树人"成为这轮课程改革的根本任务。[②]2014 年 3 月,教育部印发《关于全面深化课程改革,落实立德树人根本任务的意见》,文件明确提出"核心素养"概念。林崇德指出:"研制中国学生发展核心素养,根本出发点是全面贯彻党的教育方针,践行社会主义核心价值观,落实立德树人根本任务。"[③]为了发展学生核心素养,教育部要求各学科从自身特点出发构建核心素养体系,"数学核心素养"的概念开始出现。自 2015 年起,我国数学教育界关注点转向数学核心素养,不同学者从不同角度剖析数学核心素养的内涵和外延,理性思考学生在数学活动中应获得的教育结果。

① The Partnership for 21st Century Skills(2009). P21 Framework Definitions[EB/OL]. [2017−01−05]. http://www.p21.org/storage/documents/P21_Framework_Definitions.pdf.

② 师曼,刘晟,刘霞,等.21 世纪核心素养的框架及要素研究[J].华东师范大学学报(教育科学版),2016(3):29−37,115.

③ 赵婀娜,赵婷玉.《中国学生发展核心素养》发布[N].人民日报,2016−09−14.

二、数学教学从"双基"到"核心素养"

(一)从"双基"到"核心素养"是一种超越

"双基"到"核心素养"进一步体现了"以知识为本"到"以人为本"的转变。"双基"重视基础知识和基本技能的掌握,主要从学科视角来体现教学内容和要求,它是外在的;而"核心素养"则从人的视角来体现课程内容和要求,它是内在的。从这个意义上说,"核心素养"是对"双基"的超越。不难发现,"三维目标""四基""核心素养"均强调培养全面发展的人,其中"三维目标""四基"侧重回应"怎样培养全面发展的人",而"核心素养"则侧重回应"全面发展的人是什么样的"。有学者坦言:"相对于双基,三维目标理论比较全面和深入,但依然有不足之处:其一是缺乏对教育内在性、人本性、整体性和终极性的关注;其二是缺乏对人的发展内涵,特别是缺乏对关键素质进行清晰描述和科学界定。"[①]"核心素养"恰恰弥补了该"不足之处",那么,数学核心素养到底是什么?

史宁中通过"三会"揭示数学核心素养的本质,即会用数学的眼光观察现实世界,会用数学的思维思考现实世界,以及会用数学的语言表达现实世界。其中"数学的眼光"就是抽象,使得数学具有一般性;"数学的思维"就是推理,使得数学具有严谨性;"数学的语言"主要是数学模型,使得数学应用具有广泛性。在此基础上,史宁中进一步指出高中阶段的数学核心素养为数学抽象、逻辑推理、数学模型、直观想象、数学运算、数据分析六方面。义务教育阶段的数学核心素养也离不开义务教育数学课程标准中提到的八个核心词:数感、符号意识、推理能力、模型思想、几何直观、空间想象、运算能力、数据分析观念。其中,数学抽象在义务教育阶段主要表现为符号意识和数感,推理能力即逻辑推理,模型思想即数学模型,直观想象在义务教育阶段体现的就是几何直观和空间想象,同时指出义务教育阶段应强调应用意识和创新意识的培养。[②]

以张奠宙为代表的学者强调数学核心素养中情感、态度、价值观的重要性,认为数学核心素养包括情感态度、价值观,不只是数学能力。[③]

吕世虎等学者认为,数学核心素养是指个体从数学的角度观察事物,并借助数学知识与思想方法解决数学学习或者现实生活情境中相关问题的综合能力,以及个体所持有的数学情感态度、价值观等。[④] 数学核心素养不仅表现在显

① 余文森.从三维目标走向核心素养[J].华东师范大学学报(教育科学版),2016(1):11—13.

② 史宁中.学科核心素养的培养与教学——以数学学科核心素养的培养为例[J].中小学管理,2017(1):35—37.

③ 洪燕君,周九诗,王尚志,鲍建生.《普通高中数学课程标准(修订稿)》的意见征询——访谈张奠宙先生[J].数学教育学报,2015,24(3):35—39.

④ 吕世虎,吴振英.数学核心素养的内涵及其体系构建[J].课程·教材·教法,2017(9):12—17.

性方面,如纯数学知识与技能的掌握量等,还表现在隐性方面,如解决问题时表现出来的数学化思考品质等。

(二)"双基"是"核心素养"的基础

关于"双基"与"核心素养"的关系,不同学者有不同见解。大部分学者认为它们相互联系,密不可分,如成尚荣认为"核心"应指向事物本质,对事物全局起支撑性、引领性和持续促进发展的作用[①],故核心素养之"核心"应当是基础,也就是说基础性是"核心素养"的核心;吕世虎等学者将数学核心素养体系划分为四个层面,形成数学核心素养体系塔:数学双基层、问题解决层、数学思维层和数学精神层,并且认为双基层是数学核心素养体系的基础(见图7.3)。

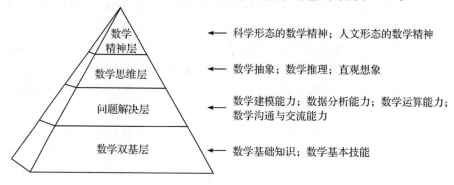

图7.3 数学核心素养体系[②]

张晋宇等学者构建了数学核心素养三级结构,由内而外分别是:双基,四基,六大核心素养,以及外部现实环境。由图7.4可见,该结构最核心部分仍是基础知识和基本技能。

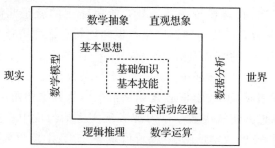

图7.4 数学核心素养三级结构[③]

---

① 成尚荣.基础性:学生核心素养之"核心"[J].人民教育,2015(7):24—25.

② 吕世虎,吴振英.数学核心素养的内涵及其体系构建[J].课程·教材·教法,2017(9):12—17.

③ 张晋宇,马文杰,鲍建生.数学核心素养系统的演化、结构和功能[J].基础教育,2017(6):67—74.

　　总的来说,关于数学核心素养的探讨目前更多地停留在理论框架和目标体系层面,如何将数学核心素养落实在教育教学实践中,进而实现其育人价值,是数学教育领域任重而道远的问题。[①] 直面这个问题,需要在原有"双基"教学体系基础上实现超越,基于核心素养重新梳理义务教育阶段数学课程标准,完善数学教材编写,改进数学教学方式,建立学业质量标准并据此进行评价考核,创新数学教学评价体系,[②]等等。

本章小结

　　21世纪是知识经济时代,以知识创新和应用为主要特征,社会需要的人才标准发生巨大变化,创新型人才的培养成为国家最重要的战略资源。与此同时,我国应试教育日益加剧,唯分数论思潮影响深远,使得"双基教学"出现"异化"现象,在这样的新时代背景下,我国数学双基教学与时俱进,不断发展,并且出现突破和创新。

　　2001年《全日制义务教育数学课程标准（实验稿）》强调"三维目标",即"知识与技能、过程与方法、情感态度与价值观"等三个维度目标。从"双基"到"三维目标"是我国小学数学教学的一种突破,试图改变传统"以知识为本"的目标体系,构建出"以人为本"的目标体系。值得一提的是,我国数学教学实践中对三维目标的理解和落实存在一定偏差,如"知识与技能"目标的僵化,"过程与方法"目标的形式主义,"情感态度与价值观"目标的标签化,等等。这些现象客观上影响了课程实施质量[③],但同时也成为一种推动力量,促进课程改革的反思和进一步深入发展。

　　2011年《义务教育数学课程标准（2011年版）》明确提出"四基",指出通过义务教育阶段的数学学习,使学生获得适应社会生活和进一步发展所必需的数学的基础知识、基本技能、基本思想、基本活动经验。从"双基"到"四基"是一种拓延,我国传统重视基础知识和基本技能的"双基"教学,重视学生知识掌握,却难以培养新时代所需的创新型人才;而拓展的"两基",即重视基本思想和基本活动经验的主旨就是培养创新型人才。

　　我国自2014年起掀起新一轮课程改革,发展学生核心素养,落实立德树人

---

　　①　姜宇,辛涛,刘霞等.基于核心素养的教育改革实践途径与策略[J].中国教育学刊,2016(6).

　　②　马云鹏.深度学习的理解与实践模式——以小学数学学科为例[J].课程·教材·教法,2017(4):60—67.

　　③　杨九俊.新课程三维目标:理解与落实[J].教育研究,2008(9):40—46.

是这轮课程改革的根本任务。史宁中提出"三会"揭示数学核心素养的本质,即会用数学的眼光观察现实世界,会用数学的思维思考现实世界,以及会用数学的语言表达现实世界。从"双基"到"核心素养"是一种超越,进一步体现了"以知识为本"到"以人为本"的转变。"双基"重视基础知识和基本技能的掌握,主要从学科视角来体现教学内容和要求,它是外在的;而"核心素养"则从人的视角来体现课程内容和要求,它是内在的。

从"双基"到"三维目标",到"四基",到"核心素养",我国数学双基教学的内涵和外延得以不断拓展和深化,但都与"双基"密切相关,"三维目标"的根扎在"双基"中,"四基"的内核是"双基","核心素养"的基础层是"双基层"……不难发现,我国数学课程和教学改革是在"双基教学"基础上的发展、突破和创新。

第八章　双基教学演进路径分析

　　"路径分析"是指基于路径依赖理论对事物发展的历史变迁动态过程进行路径依赖性规律的探索和分析。"路径依赖"这个概念最早由生物学家提出[①]，1985 年，美国经济史学家 P. A. David 将其用于研究技术变迁问题[②]，后经 W. B. Arthur[③] 和 D. C. North[④] 等学者的发展，"路径依赖"成为理解历史重要性的核心概念，被广泛运用于历史学、社会学、政治学、经济学、管理学、心理学等领域，成为社会科学使用频率最高的概念之一。[⑤] 不同学科领域、不同学者对路径依赖的概念解读不同，一般认为：路径依赖是指系统一旦进入某个路径，就会在"惯性"（路径依赖性）作用下不断自我强化，并且稳定在这一特定路径上。[⑥]

　　研究者发现"路径依赖是一个非常重要的历史解释变量"[⑦]，追求对历史变迁动态过程的理解。我国数学双基教学的演进过程恰恰是数学教学历史变迁的动态过程，故本章基于路径依赖理论，运用路径依赖分析法对我国数学双基教学演进过程进行路径分析，结合"路径发展分析框架"和"路径原因分析框架"探索双基教学之演进规律及其原因。

第一节　双基教学路径发展分析

一、双基教学路径发展阶段

　　依据政治史时间维度和教育史学体系进行分期，我国数学双基教学主要历

---

　　① 尹贻梅，刘志高，刘卫东.路径依赖理论研究进展评析[J].外国经济与管理,2011(8):1.

　　② David P A. Clio and the Economics of QWERTY[J]. American Economic Review,1985,75(2): 332－337.

　　③ Arthur W B. Competing Technologies, Increasing Returns, and Lock-In by Historical Events [J]. Economic Journal,1989,99(3):116－131.

　　④ North D C. Institutions, Institutional Change and Economic Performance[M]. Cambridge: Cambridge University Press,1990:12.

　　⑤ 刘汉民，谷志文，康丽群.国外路径依赖理论研究新进展[J].经济学动态,2012(4):111.

　　⑥ 尹贻梅，刘志高，刘卫东.路径依赖理论研究进展评析[J].外国经济与管理,2011(8):1－7.

　　⑦ [美]道格纳斯·诺思.制度、制度变迁与经济绩效[M].杭行,译.上海:格致出版社;上海三联书店;上海人民出版社,2014:12.

经四个历史时期:数学双基教学思想萌芽期,数学双基教学体系创立期,数学双基教学制度成型期,以及新时代背景下数学双基教学创新期。

基于路径依赖理论路径发展分析框架,路径发展分为四个阶段:路径发生,路径强化,路径依赖,以及路径创造。路径发生阶段是路径依赖最先发生的阶段,主要表现为初始路径的选择;初始路径选择后,在"惯性"(路径依赖性)作用下,出现路径强化;路径强化后,在"惯性"(路径依赖性)的持续作用下,形成路径依赖;之后,在特定内外因的共同影响下,原有路径会有所突破,并在原有路径基础上实现路径创造。

本研究发现:双基教学历史分期与路径发展阶段恰好对应。由图 8.1 可见:数学双基教学思想之萌芽相当于路径发生阶段,在初始条件促动下,形成"初始路径";数学双基教学体系之创立相当于路径强化阶段,在数学双基教学思想的"惯性"(路径依赖性)作用下,路径各个维度不断强化,形成数学双基教学体系;数学双基教学制度之成型相当于路径依赖阶段,在数学双基教学思想的持续"惯性"(路径依赖性)作用下,双基教学体系进一步强化,整个体系及要素最终形成路径依赖,推进数学双基教学在制度层面上得以确立;新时代背景下数学双基教学之创新相当于路径创造阶段,在特定内外因素的影响下,数学双基教学突破"原有路径",走向路径创造阶段,即在传统双基教学基础上,关注"三维目标""四基"和"核心素养"等时代"新元素",努力完善一条与时俱进的、有中国特色的数学教学之新道路。下面分别加以阐释。

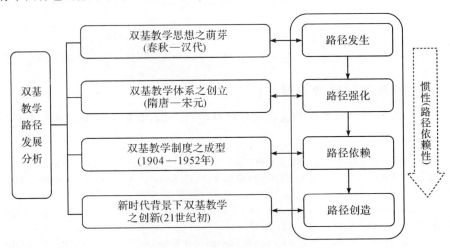

图 8.1 双基教学路径发展分析

(一)路径发生

双基教学思想之萌芽相当于路径发生阶段,"初始路径"形成是该阶段的主要特征。如图 8.2 所示,重视"基础性""实用性""掌握性"的数学双基教学思想之萌芽,意味着双基教学"初始路径"的形成。路径依赖理论指出:"初始路径"非常关键,系统一旦进入初始路径,就会在"惯性"(路径依赖性)作用下不断自我强化,并且最终稳定于该路径。[①]。确实,我国数学双基教学思想进入"重视基础性、实用性和掌握性"这条初始路径后,就在"惯性"(路径依赖性)作用下不断自我强化,推动数学双基教学体系和制度的形成。

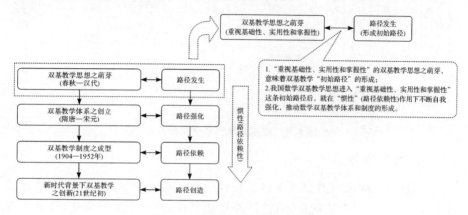

图 8.2　双基教学路径发生阶段

(二)路径强化

双基教学体系之创立相当于路径强化阶段。自双基教学思想进入"重视基础性、实用性和掌握性"这条初始路径后,就在"惯性"(路径依赖性)作用下不断自我强化,推动双基教学各要素的形成。在重视"基础性""实用性"的双基教学思想"惯性"(路径依赖性)影响下,双基教学形成"学以致用"的教学目的,并且选用具有"基础性"和"实用性"的教学内容。在重视"掌握性"的双基教学思想的"惯性"(路径依赖性)影响下,双基教学形成一种注重"掌握"的双基教学师生观、教学方法和教学评价机制,即教师具有权威性,主要职责是"传道授业解惑",学生尊重并听从教师,注重知识的巩固和掌握;教学过程中,教学方法重视记忆和理解,通过多做练习巩固和掌握扎实的基础知识与基本技能,以实现熟能生巧;教学评价注重考试和分数,主要考查学生的"掌握程度"。如图 8.3 所示,双基教学师生观、教学目的、教学内容、教学方法和教学评价等要素的形成推动我国数学双基教学系统的创立,同时亦意味着数学双基教学进入路径强化阶段。

---

① Liebowitz S J, Margolis S E. Winners, Losers & Microsoft: Competition and Antitrust in High Technology[M]. Oakland: Independent Institute,1999.

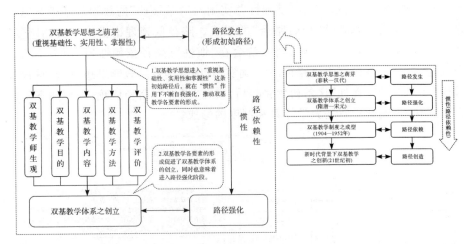

图 8.3 双基教学路径强化阶段

（三）路径依赖

双基教学制度之成型相当于路径依赖阶段。我国数学双基教学体系形成后，系统各要素和整个系统在"惯性"（路径依赖性）影响下不断强化，逐渐出现路径稳定状态。双基教学"路径稳定状态"是指双基教学系统各要素和整个系统在演进过程中呈现出一些"特有的""不易改变的"现象，使得双基教学系统保持自身独有特征，按一定路径演进，轻易不发生改变，处于一种相对稳定的状态。双基教学系统各要素和整个系统的路径稳定状态促进了数学双基教学制度的形成，同时也意味着正式进入路径依赖阶段。

（四）路径创造

新时代背景下双基教学之创新相当于路径创造阶段。现代路径依赖理论认为：在特定内外因素的影响下，"路径会有突破，实现路径创造"①。21 世纪是知识经济时代，以知识创新和应用为主要特征，社会需要的人才规格发生巨大变化，创新型人才的培养成为国家最重要的战略资源；与此同时，我国应试教育日益加剧，唯分数论思潮影响深远，使得"双基教学"出现"异化"现象。在这种内外因素的影响下，我国数学双基教学与时俱进，出现突破，从"双基"到"三维目标"，到"四基"，到"核心素养"，不但体现了新时代背景下双基教学之创新，也标志着进入路径创造阶段。

---

① 时晓虹，耿刚德，李怀."路径依赖"理论新解[J].经济学家，2014(6):58.

二、双基教学路径发展规律

(一)双基教学发展存在路径依赖性

路径依赖理论指出:"人们过去的选择决定了他们现在可能的选择。"[①]人们作出某种选择,就像走上一条"不归路","惯性"(路径依赖性)的力量使得该选择不断强化,使人轻易走不出去。我国数学双基教学的形成是历史的选择,不同的历史时期,不同的社会环境,或内忧,或外患,或内忧合并外患。双基教学历经各个不同时代背景,但是在"惯性"(路径依赖性)影响下,其整体结构和各个要素均愈来愈趋于相对稳定的状态。

1. 双基教学系统各要素路径发展呈现稳定状态

我国数学双基教学系统包含双基教学师生观、教学目的、教学内容、教学方法和教学评价等要素。对双基系统各个要素进行分析,不难发现,在长达几千年的历史中,双基系统各个要素选择了其相应路径,在其历史变迁动态过程中,具有明显的"惯性"(路径依赖性),并且呈现出一种相对的路径稳定状态(见图8.4)。

图8.4 双基教学系统各要素之路径稳定状态

双基教学师生观稳定于"教师权威性"。中国传统"社会本位"的价值取向渗入中国社会各个领域,数学教学领域亦然。社会价值取向对我国双基教学师生观的形成有着重要影响,教师的身份俨然家族制度里家长的身份,具有权威

① 卢现祥,朱巧玲.新制度经济学[M].北京:北京大学出版社,2007:471—472.

性,故中国文化的师生关系与西方文化的师生关系有着文化上的本质差异。中国文化素有尊师重教之传统,教师地位神圣不可侵犯,带有权威性。在古代"父为子纲"的社会背景下,"一日为师,终身为父"①,学生尊重教师,听从教师教诲。韩愈的《师说》提及"师者,所以传道授业解惑也"②,指出教师职业任务是传授道理、教授学业和解决疑惑,引导学生循序渐进地学习、巩固和掌握扎实的数学基础知识与基本技能。双基教学师生观稳定于"教师权威性",几千年来未有大的变动,其间亦有"学生主体"的提法,却仍强调"教师主导",实则并未真正撼动教师的权威地位,这与西方教育文化中的"儿童中心论"③有一定差异。

双基教学目的稳定于"培养'学以致用'的掌握双基的数学人才"。首先,稳定于"学以致用",即学习数学要为社会生活、生产服务,强调社会价值取向和实用取向。"学以致用"是双基教学目的之核心,在社会发展各个不同时期均表现出强大生命力④,并主导着数学双基教学目的之最终确立。其次,稳定于"掌握双基",即掌握数学基础知识和基本技能。中国数学教学对于"双基"的重视自古有之,春秋战国时期讲究"正名",为数学双基教学之"重视基础知识"思想打下基础;汉代强调"术"的教学,为数学双基教学之"重视基本技能"思想奠定基础。此后,重视基础知识和基本技能的数学双基教学思想逐渐形成。唐代提出"明数造术,详明术理"的教学要求,明确将数学教学目的定位为培养具有一定数学基础知识和基本技能的数学人才为社会服务。自此以后,双基教学目的就稳定于培养"学以致用"的掌握双基的数学人才。

双基教学内容稳定于"基础性和实用性的数学内容"。其一,从学科本体的角度看,教学内容稳定于"基础性",即选择的教学内容是基础的,是学习者今后继续深入学习数学所必需的。当然,重视选择基础性的数学教学内容还与中国传统精耕农业相关,当时的社会生活、生产中并不需要掌握高深的数学知识。其二,从社会需求的角度看,数学教学内容稳定于"实用性"。中国传统精耕农业需要"精打细算",这就要求地主和佃户掌握实用的数学知识和技能,土地的丈量、田亩面积的计算、各种粮食抵押交换问题、赋税的计算等,这些数学内容均有着很强的实用性,它们既源于现实生活,又用于现实生活。《九章算术》就是在这种社会实际需求的背景下产生和发展起来的,构建了一个数学的实用体系。⑤ 我国数学教学一贯重视基础知识技能的掌握和应用题教学,这与教学内

---

① 汪泛舟.《太公家教》考[J].敦煌研究,1986(1):53.

② 孟宪承.中国古代教育文献[M].北京:人民教育出版社,1985:219.

③ 张斌贤,王慧敏."儿童中心"论在美国的兴起[J].北京大学教育评论,2014(1):108-122.

④ 韩书堂.经世致用:中国传统文化与文学的价值取向[J].理论学刊,2007(6):114.

⑤ 孙宏安.《九章算术》思想方法的特点[J].辽宁师范大学学报(自然科学版),1997,20(4):287.

容稳定于"基础性和实用性的数学内容"密切相关。

双基教学方法稳定于"重视通过练习巩固掌握所学知识"。在传统教学理念影响下,教师在教学过程中注重引导学生循序渐进地学习,通过练习巩固掌握所学的基础知识和基本技能。教师一方面重视启发诱导,培养学生举一反三的能力;另一方面受传统勤奋苦学文化的熏陶,强调学生多做练习,以实现熟能生巧。中国数学教学历史悠久,尽管在不同时期不同社会环境下,不同的教育家有不同的教学方法的尝试,但是不难发现,中国数学双基教学在教学方法上稳定于"练习"和"巩固",关注"掌握性",具体表现为数学双基教学方法重视记忆和理解,引导学生循序渐进地学习,在此基础上强调多做练习,巩固和掌握扎实的基础知识与基本技能,以实现熟能生巧,在社会实际生活中加以应用。当前数学教学重视循序渐进、变式练习和巩固复习等[①],均是我国数学双基教学方法"路径稳定状态"之表现。

双基教学评价稳定于"通过考试和分数进行甄别"。我国考试文化历史悠久,考试随着学校教育的产生而产生。西周时期就已确立考试制度,定时对学生学力和思想品德进行考核;汉代考试制度进一步发展;隋唐以后实行科举取士,进行分科考试,依据成绩选拔人才,更是将传统考试制度推向高潮。在"学而优则仕"观念的影响下,数学双基教学评价稳定于"考试"和"分数",通过考试的分数高低来测量学生数学基础知识技能的掌握程度,教学评价上追求高分、高掌握度。我国数学教学评价重视考试和分数的历史悠久,影响深远,当前数学教学评价仍稳定于该路径。

2.双基教学整个系统路径发展呈现稳定状态

双基教学系统五要素以一定结构紧密联系在一起,并且各要素路径发展相对稳定。与此同时,双基教学整个系统亦趋于一种稳定路径,即重视"基础性""实用性""掌握性"的数学教学路径。双基教学系统各要素和整个系统的路径稳定状态互相影响,一方面,数学双基教学整个系统之"路径稳定"影响了各要素之路径发展方向;另一方面,系统各要素之"路径稳定"强化了整个系统之"稳定"状态。由图8.5可见,数学双基教学系统各要素和整个系统之"路径稳定"是一种互相依存、互相促进的关系。

先来看数学双基教学整个系统之"路径稳定"影响各要素之路径发展方向。在我国传统文化影响下,双基教学系统在中国这块历史悠久且文明深厚的土壤中酝酿、萌生并发展,整体结构上稳定于一条重视"基础性""实用性""掌握性"的中国特色数学教学之路径。在该路径影响下,双基教学系统各要素逐渐分化

---

① 孔企平.从 PISA 测试反思我国数学教育改革:解决问题比掌握知识更重要[N].光明日报,2017－01－26.

出来,各自走上不同路径并形成相对稳定的路径。如数学双基教学整个系统稳定于"基础性""实用性",反映在教学目的上稳定于"培养'学以致用'的掌握双基的数学实用人才";反映在教学内容上稳定于"基础性和实用性的教学内容"。又如数学双基教学整个系统稳定于"掌握性",反映在师生观上稳定于"教师权威性",通过传道授业解惑让学生掌握知识技能;反映在教学方法上稳定于"通过练习巩固掌握所学知识";反映在教学评价上稳定于"通过考试和分数进行甄别";等等。

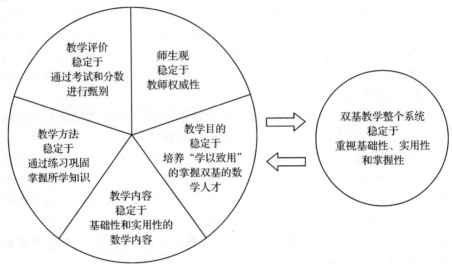

图 8.5 双基教学系统各要素及整个系统之路径稳定状态

再来看双基系统各要素之"路径稳定"强化了整体结构之稳定状态。师生观上稳定于教师权威性,教学目标上稳定于培养学以致用的掌握双基的数学人才,教学内容上稳定于基础性和实用性的数学内容,教学方法上稳定于重视通过练习巩固掌握所学知识,教学评价上稳定于通过考试和分数进行人才选拔,这些要素之"路径稳定"貌似各不相同,实则均与双基教学整个系统重视"基础性""实用性""掌握性"的稳定路径密切相关。

许倬云在《中国古代文化的特质》中提及另一与"稳定"相近的词语——"结晶",并指出结晶有双重意义:一方面,结晶意味着系统内部结构达到一种完美的程度;另一方面,结晶也意味着系统内部结构难以改变,即结构僵化。"稳定"和"结晶"一样,本身就带有辩证意味[1]。我国数学双基教学之路径稳定状态亦然,一方面意味着双基系统及各要素的发展趋于相对完善,达成一种稳定状态;另一方面也意味着双基教学内部结构很难发生完全改变。

---

① 许倬云.中国古代文化的特质[M].厦门:海峡出版发行集团;鹭江出版社,2016:62.

（二）双基教学路径依赖程度不同

M. J. Roe 依据路径依赖程度将路径依赖分为弱型路径依赖、半强型路径依赖和强型路径依赖[①]，S. J. Leibowitz，S. E. Margolis 与 M. J. Roe 的分析思路一致，将路径依赖程度区分为一级、二级和三级路径依赖。[②] 本研究亦认为路径依赖在程度上存在差异，需要进行区分。就我国数学双基教学之路径依赖而言，可以区分为：强型路径依赖、中强型路径依赖和弱型路径依赖。弱型路径依赖相对不稳定，往往受特定群体利益和资源有限性的影响，在一定条件下有变动的可能性；中强型路径依赖之程度高于弱型路径依赖；而强型路径依赖相对稳定，往往受制于传统文化和传统观念等，具有很强的稳定性，如果传统文化观念没有从本质上发生变化，路径改变很难实现。

双基教学路径依赖程度有强有弱。首先，从系统各要素路径依赖来看，师生观上稳定于"教师权威性"，教学目标稳定于"培养学以致用的掌握双基的数学人才"，教学评价稳定于"通过考试和分数进行人才选拔"等均可以归为强型路径依赖，三者历经这么长的数学教学史，表现一直很稳定。教学方法稳定于"重视通过练习巩固掌握所学知识"可以归为中型路径依赖，各个历史时期表现有所变化，同时亦相对稳定，如 20 世纪初我国教学方法的革新此起彼伏，辛亥革命前后的自学辅导教学法、分团教学法，到 20 世纪 20 年代的道尔顿制和设计教学法等[③]，尽管教学理念各不相同，方法名称迥然相异，实践操作有所区别，但均重视"练习"和"巩固"，重视对数学知识的掌握，只是掌握的途径不尽相同而已。教学内容稳定于"基础性和实用性"可以归为弱型路径依赖，因为不同历史时期对基础性和实用性教学内容的要求不同，并且数学教学内容受当时资源有限性的影响，如明代第一次西学东渐高潮，当时的社会背景是明代统治者几次修订历法失败，于是接受以意大利传教士利玛窦为代表的布道团来中国传教。利玛窦不但介绍了西方天文、历法等知识，还翻译了一批西方数学书籍，最为著名的有利玛窦与徐光启合译的《几何原本》前六卷，使得中国数学家首次有机会接触到古希腊数学文化和逻辑演绎思想，另外还有利玛窦与李之藻合译的《同文算指》，使得中国数学家第一次了解西方的笔算算法。[④] 数学教学内容在这些内外因素的作用下，呈现出一定的路径改变，表现为数学教学内容的适当

---

① Roe M J. Chaos and Evolution in Law and Economics[J]. Harvard Law Review,1996,109(3)：641－668.

② Liebowitz S J, Margolis S E. Winners, losers & Microsoft：Competition and Antitrust in High Technology[M]. Oakland：Independent Institute,1999.

③ 王权. 中国小学数学教学史[M]. 济南：山东教育出版社,1995:152.

④ 王权. 中国小学数学教学史[M]. 济南：山东教育出版社,1995:52.

增减,但是重视"基础性"和"实用性"并未发生本质变化。

其次,从系统整体结构路径依赖来看,数学双基教学整个体系稳定于"重视基础性、实用性和掌握性",这是一种强型路径依赖,受制于中国传统文化之深层结构,其稳定性非常强。这种路径依赖很难发生变化,除非受到特定内外因素的强型影响和突破。历史学家孙隆基亦指出"深层结构"是指一种文化不曾变动的层次,往往变动很少,表现为平稳与不变。①

综上所述,只有客观认清我国数学双基教学发展存在路径依赖性,并且路径依赖程度有所差异,才能更好地对数学双基教学发展趋势作出理性判断,从而更好地指导当前数学教学实践。

第二节 双基教学路径原因分析

本节主要阐释双基教学路径依赖形成的原因,关于新时代背景下路径突破的"特定内外因素"在第七章背景部分已展开,此处不再另行分析。

路径依赖形成原因分析框架(以下简称"路径原因分析框架")主要涉及两个维度:一是初始条件,二是自我强化机制。② 这两个维度有着密切关系,"初始条件"促动初始路径的发生,而"自我强化机制"推进该路径不断自我强化,最终形成路径依赖,使得路径保持相对稳定的状态。基于路径原因分析框架,我国数学双基教学路径依赖形成原因亦涉及两个维度(见图 8.6):其一,双基教学初始条件的促动;其二,双基教学自我强化机制的推进。下面具体加以阐释。

一、"初始条件"促动路径发生

S. J. Leibowitz 和 S. E. Margolis 指出路径依赖敏感地依赖于初始条件③;J. P. Mahoney 认为路径依赖是一个具有因果关系的过程,对于历史过程中早期历史阶段发生的事件高度敏感④;D. C. North 认为:"路径依赖与其说是一种

① 孙隆基. 中国文化的深层结构[M]. 北京:中信出版社,2015:10.

② Arthur W B. Competing Technologies, Increasing Returns and Lock-In by Historical Events[J]. Economic Journal,1989,99:116-131.

③ Liebowitz S J, Margolis S E. Winners, Losers & Microsoft:Competition and Antitrust in High Technology[M]. Oakland:Independent Institute,1999.

④ Mahoney J P. Dependence in Historical Sociology[J]. Theory and Society,2000,29(4):507-548.

'惯性',还不如说是过去的历史经验施加给现在的选择集的约束。"①这里几位学者提到的"初始条件""早期历史事件""过去的历史经验"尽管提法不同,但均涉及初始条件对形成初始路径及路径依赖之重要影响。那么,影响中国数学双基教学形成的初始条件有哪些呢?

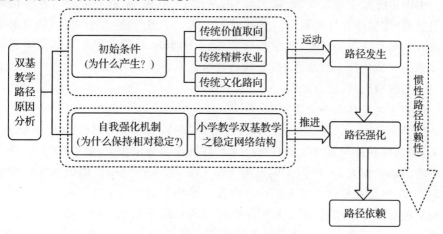

图 8.6 双基教学路径原因分析

史学家许倬云在《中国古代文化的特质》指出:"每个特定地区因它的特定环境可以做许多选择,等选定了以后就变成文化的基本调子了,这个基调就等于生物的基因。"众所周知,生物基因一旦形成就很难改变,并且具有遗传性;文化"基调"也一样,它取决于最初的"选择",文化基调一旦奠定就很难改变,并且具有延续性。许倬云还提及"延续本身是一种制约,制约使得文化对那些问题的处理拥有特定的方式。而另一个文化没有受到这种制约或是制约的方向不一样,它就会循着另一种规范、另一种处理方式,于是每一个文化产生了自己的特色"②。可见,文化的起源与形成文化基调、文化特质有着血浓于水的密切关系。诺思(North)亦指出"我们的文化传统是(路径依赖)根本性的制约因素,我们必须仍然考虑这些制约因素"③。故本研究对中国数学双基教学初始条件的探寻聚焦于中国传统文化。中国文化历史悠久,源自中国古代文明;西方文化源于古希腊文化,古希腊文化则由古代两河流域文明发展而来。本节通过对中西方传统文化的比较,追溯中国文明之起源,剖析中国传统文化特质,阐释这些"文化基因"对数学双基教学产生的影响。本研究认为影响我国数学双基教学

① [美]道格纳斯·诺思.理解经济变迁过程[M].钟正生,邢华,高东明,等译.北京:中国人民大学出版社,2013:49.

② 许倬云.中国古代文化的特质[M].厦门:海峡出版发行集团;鹭江出版社,2016:6.

③ [美]道格拉斯·诺思.制度变迁理论纲要[J].改革,1995(3):56.

形成的,与中国传统文化相关的初始条件主要有三个:传统价值取向、传统精耕农业和传统文化路向。

(一)传统价值取向

中国传统文化建立在"亲缘关系"的基础上,重视"家庭和宗族",在价值取向上呈现出"群体和社会取向",忽视个体需求。中国传统"社会本位"的价值取向渗入中国社会每个领域,数学教学领域也不例外,对我国数学双基教学思想和体系的形成均产生重要影响,尤其是数学双基教学"学以致用"的教学目的呈现出强烈的"社会价值取向"。

1.亲缘关系与社会价值取向

史学家许倬云认为每种文化皆有自身的"基因",最早的基因形成与"选择"有关,而选择往往与其文化发源地特定的自然环境密切相关,愈是古时候,受自然环境的影响愈大。[①] 中国文明发源于"中原",以安阳为中心的黄河流域物资相对丰富,生活在此的居民无须长途跋涉交换物资即可满足生活需求;同时,黄河流域的黄土并不肥沃,需要长期保持耕耘同一块土地才能获得好收成。这些因素使得中原人选择长期稳定地生活在同一块地方,于是亲缘关系不断加强。另外,中国古代"移民"(从母群向外移殖)形态大多是"填空隙"[②],而不是长程移民。"填空隙"的移民方式往往使母群和子群的距离相对较近,亲缘关系更为密切、更为持久。选择以血缘宗法来结合人群始于周代,这种选择渐渐形成家族制度,成为华夏文明一大特色。

中国古代的家族制度实则为社会制度的体现。[③] 西汉董仲舒在《春秋繁露》一书中提出"三纲五常",它是中国古代宗法社会最基本的伦理道德。"三纲"是指君为臣纲、父为子纲、夫为妇纲,"君为臣纲"的行为准则是"忠","父为子纲"的行为准则是"孝","忠"和"孝"构成中国传统伦理社会的核心;"五常"是处理人伦关系的道德准则,涉及五种社会关系——君臣、父子、兄弟、夫妇、朋友,其中父子、兄弟、夫妇等三种是家族关系,其余两种尽管不是,但可以按家族关系来理解,君臣关系相当于父子关系,而朋友关系相当于兄弟关系。由是,"每一个人对于其四面八方的伦理关系,各负有其相当义务;同时,其四面八方与他有伦理关系之人,亦各对他负有义务。全社会之人,不期而辗转互相连锁起来,无形中成为一种组织"[④]。恰如梁漱溟在《中国文化要义》中指出:"中国的家族制

---

① 许倬云.中国古代文化的特质[M].厦门:海峡出版发行集团;鹭江出版社,2016:21.
② 许倬云.中国古代文化的特质[M].厦门:海峡出版发行集团;鹭江出版社,2016:17.
③ 冯友兰.中国哲学简史[M].北京:北京大学出版社,2013:21.
④ 梁漱溟.中国文化要义[M].上海:上海人民出版社,2011:79.

度在其全部文化中所处地位之重要，及其根深蒂固，是世界闻名的。"①家族制度如此重要，那么"家"与"国"的关系如何？《礼记·大学》中提及"欲治其国者，先齐其家""身修而后家齐，家齐而后国治，国治而后天下平"②，可见，家为国之本，"积家而成国"③。

综上所述，受文明发源地自然环境的影响，中国传统文化建立在亲缘关系的基础上，形成家族制度。这种家族制度以"忠孝"为最高社会道德准则，家族利益重于个体利益；推及国家，即国家和社会利益高于个体利益，这就形成中国传统"社会本位"的价值取向。

2.社会价值取向与双基教学

中国传统"社会本位"的价值取向渗入中国社会各个领域，数学教学领域亦然，社会价值取向对我国数学双基教学思想及其体系的形成有着重要影响：从师生观来看，教师的身份俨然家族制度里家长的身份，具有权威性，故中国文化的师生关系与西方文化的师生关系有着文化上的本质差异；从教学目的来看，我国数学教学一向重视培养具有一定数学知识和技能的社会需要的数学实用人才，"学以致用"成为中国数学双基教学目的的核心，积淀为一种传统，在各种不同的社会发展时期均表现出强大的生命力④，并主导着数学双基教学目的的最终确立；从教学内容来看，大部分数学知识和技能涉及社会生活、生产领域的基础性内容；从教学方法来看，重视对基础知识和技能的掌握，使其在社会实际生活中得以应用；从教学评价来看，强调"学而优则仕"，在中国传统文官制度下，重视考试和分数，以期学生考取功名，获得社会地位，光宗耀祖。

（二）传统精耕农业

中国传统文化与历史悠久的农业文明有着不可分割的关系，农业在传统中国人的生活方式中始终保持着至高无上的地位。⑤ 自汉代开始，中国就发展了以精耕细作为基调的农业经济，并且延续了两千多年。精耕细作的农业文化对数学教学领域亦产生很大影响，我国数学双基教学内容重视"基础性"和"实用性"，教学方法强调勤奋苦学等，均与精耕农业文化有着密切关联。

1.传统精耕农业

张岱年在《中国文化精神》中指出："中国传统文化的基本格局是在春秋、战

---

① 梁漱溟.中国文化要义[M].上海：上海人民出版社，2011:17.
② 孟宪承.中国古代教育文选[M].北京：人民教育出版社，1985:103.
③ 梁漱溟.中国文化要义[M].上海：上海人民出版社，2011:17.
④ 韩书堂.经世致用：中国传统文化与文学的价值取向[J].理论学刊，2007(6):114.
⑤ [美]许倬云.汉代农业：早期中国农业经济的形成[M].程农，张鸣，译.南京：江苏人民出版社，2012:1.

国百家争鸣的基础上，通过秦汉统治者的选择而奠定的。"①传统精耕文化的形成亦如此。中国经济发展史上曾有过发达的工商业，但缘何以精耕农业为主要经济形态并延续两千多年？这与最初的"选择"有关，中国精耕农业实则汉代政治力量的选择。②战国时期至汉初，中国经济在城市化和商品化的推动下曾出现过发达的工商业。汉初统治者"重本抑末"，以农为"本"，以商为"末"，重视农业，限制工商业的发展；汉景帝以来一直打压闾里豪强；汉武帝时期，更是颁布抑商政策《告缗令》③，强烈打击商贾；等等。汉代国家力量强大，这一系列政治措施严重抑制了城市财富力量，为精耕农业的发展铺平了道路。

农业耕作主要有两种形式：一种是集体耕作，体现为粗放型；一种是精耕细作，体现为精耕型。粗放型的集体耕作主要形式是主人带着监工监督奴隶耕作，阶级关系的不平等往往引起社会问题，导致农作物的产量也不高，于是需要更多的土地和奴隶，罗马在北非的开拓就属于这类粗放型农业。精耕型农业与粗放型农业不同，其主要特点是精耕细作，在最小面积获得最大产量，中国汉代是传统精耕农业萌芽并不断发展的阶段。④选择粗放型农业或是精耕型农业与土地和人口密度有直接关系，土地有限，人口达到一定密度时，才有精耕细作的可能性。上节提及中国文明源自"中原"，中国人以"亲缘关系"结合在一起，人口相当密集，这些为精耕农业提供了有利条件。精耕农业的另一关键条件在于让耕种者拥有耕种意愿，中国的佃农制很好地满足了该条件。地主招募佃户开垦土地，佃户精耕细作，提高单位面积粮食产量，地主收取相应地租，剩余粮食归佃户所有。佃农制充分调动了佃户的生产积极性，佃户会想方设法通过有限土地达成收支平衡。由表8.1可见，汉代农民已经掌握了大量有关精耕农业的知识和技能。⑤

2.传统精耕农业与双基教学

传统精耕农业文化对我国数学双基教学内容和教学方法等方面产生了重要影响。其一，精耕农业背景下，我国数学双基教学内容重视"基础性"和"实用性"。精耕农业需要"精打细算"，这就要求地主和佃户掌握基本的数学知识和技能。由表8.1可见，土地整治之"注意利用不同地形的特点"，土壤改良之"轮种以减短或避免土地闲置"，土地利用之"利用田头地角种植蔬菜"等都需要"精打细算"，均涉及数学基础知识和基本技能。另外，精耕农业将"数学"和"实用"

① 张岱年，程宜山.中国文化精神[M].北京：北京大学出版社，2015：138.
② 许倬云.中国古代文化的特质[M].厦门：海峡出版发行集团；鹭江出版社，2016：25.
③ 司马迁.史记(卷一百二十二).清乾隆武英殿刻本：1172.
④ 许倬云.中国古代文化的特质[M].厦门：海峡出版发行集团；鹭江出版社，2016：23.
⑤ [美]许倬云.汉代农业：早期中国农业经济的形成[M].程农，张鸣，译.南京：江苏人民出版社，2012：148.

紧密联系在一起。土地的丈量、田亩面积的计算、各种粮食抵押交换问题、赋税的计算等,这些数学内容均有着很强的实用性,它们既源于现实生活,又用于现实生活。《九章算术》就是在这种社会实际需求的背景下产生和发展起来的,构建了一个数学的实用体系。[①] 其二,精耕农业背景下,中国数学双基教学方法强调勤奋苦学。精耕农业背后体现着中国农民吃苦耐劳[②]的精神,反映在数学教育领域就是重视培养学生勤奋苦学精神。数学教学中"九九(乘法)表"的背诵、公式的记忆、解题套路的熟练掌握等,均有着中国精耕农业文化吃苦耐劳精神的影子。[③] 此外,传统精耕农业文化使得中国知识分子的命运与农业联结、与国家机构联结,却不与专业联结,因此古代中国没有欧洲那种自由职业性的知识分子,如医生、律师、会计师等。[④] 在中国农业经济背景下,知识分子主观上职业选择并不多,客观上又有政策和途径通过"金榜题名"进入仕途,因而"学而优则仕"深刻影响着中国传统社会知识分子的价值观。[⑤]

表 8.1　汉代精耕农业的特点[⑥]

土地整治	按照一定的格式播种,而不是撒播;
	适度深耕;
	注意利用不同地形的特点。
种子	选择良种繁殖;
	播种前以肥料等拌种。
耕种	看准农时,充分利用天气条件;
	勤除草、防治虫害;
	通过灌溉以保持适度水分。
土壤改良	施肥以增加土壤肥力;
	轮种以减短或避免土地闲置;
	利用豆科植物改进土壤质量。
土地利用	复种,时或间作套种;
	利用田头地角种植蔬菜。
工具	使用畜力;
	使用功能特定的各种专门工具。

① 孙宏安.《九章算术》思想方法的特点[J].辽宁师范大学学报(自然科学版),1997,20(4):287.

② 张岱年,程宜山.中国文化精神[M].北京:北京大学出版社,2015:127.

③ 张奠宙.建设中国特色数学教育学的心路历程[J].中国教育科学,2015(4):16.

④ 许倬云.中国古代文化的特质[M].厦门:海峡出版发行集团·鹭江出版社,2016:84.

⑤ 左建."学而优则仕"思想对中国传统教育的影响[J].南阳师范学院学报,2011(10):101—102.

⑥ 根据"[美]许倬云.汉代农业:早期中国农业经济的形成[M].程农,张鸣,译.南京:江苏人民出版社,2012:148"整理。

（三）传统文化路向

中国传统文化在人与自然的关系上，强调人与自然的协调与统一，由此产生中国传统文化路向"以意欲自为调和、持中为根本精神"，处世哲学重视"和谐与统一"。该传统文化路向与处世哲学对传统教育产生影响，使得中国传统教育重视人与他人、人与社会之"和谐"，而非"对抗"；同时，该传统文化路向与处世哲学也对我国数学双基教学产生影响，使得双基教学形成"掌握性"而非"创生性"特征。

1. 传统文化路向

梁漱溟在《东西文化及其哲学》中提及人生有三种路向：第一种为"向前面要求"的路向；第二种为"对于自己的意思变换、调和、持中"的路向；第三种为"转身向后去要求"的路向。[①] 这三种路向表现不同，解决问题的方法亦不同。第一种路向，即"向前面要求的路向"遇到问题时，会奋力取得所要求的东西，其结果就是改造局面；第二种路向，即"调和、持中路向"遇到问题时，不去要求解决，而是寻求自己的满足，其结果是随遇而安；第三种路向，即"转身向后要求的路向"遇到问题时，就想根本取消这种问题，其结果是禁欲态度。这三种路向截然不同，由此产生的文化差异很大。西方文化以意欲向前要求为根本精神，走的是第一个路向；中国文化以意欲自为调和、持中为根本精神，走的是第二个路向；印度文化则以意欲转身向后要求为根本精神，走的是第三个路向。[②]

史学家从不同角度对梁漱溟的路向说作出不同评价，本研究以为该路向说以独特视角体现了中西方传统文化的差异，以及中国人和西方人在遇到问题、解决问题时处世哲学的差异。本研究试从人与自然关系的角度对西方文化路向和中国文化路向作进一步阐释，探讨其形成的缘由。

在人与自然的关系上，西方文化强调战胜自然、征服自然，其思想渊源可以追溯至基督教经典《圣经》[③]。《圣经·创世纪》提及上帝创造了自然界，同时照着自己的形象创造了人，然后派人去管理自然界。人和自然界一开始相处得很好，有一天人受到蛇的诱惑，人类始祖亚当和夏娃偷吃了伊甸园的果子，于是受到了上帝惩罚。上帝让蛇与人彼此为仇，让土地长出荆棘和蒺藜来，让人必汗流满面才得糊口。[④] 这些文字中透露着人与自然的关系：其一，人与自然有别，

---

① 梁漱溟. 东西文化及其哲学[M]. 上海：上海人民出版社，2015：62.
② 梁漱溟. 东西文化及其哲学[M]. 上海：上海人民出版社，2015：63.
③ 石海兵，刘继平. 天人合一与征服自然——中西自然观的比较[J]. 辽宁工程技术大学学报（社会科学版），2000(3)：79—81.
④ 圣经[M]. 上海：中国基督教协会，2009：1—4.

即"天人相分"①,人是管理和统治自然界的;其二,人与自然界是对抗的,人只有征服自然才能求得生存。与西方的自然观不同,中国文化在人与自然的关系上强调人对自然的崇尚与协调,以《易传》"天人协调说"为代表,后发展为"天人合一"思想。②《易传·序卦》指出"有天地,然后有万物;有万物,然后有男女;有男女,然后有夫妇"③,意即天地是万物之源,万物是人类之源,也就是说把人类看作是自然界的产物。前面提及中国文化以精耕农业文化为主,中国人需从自然中讨生活,因而自视为自然的一分子,对天地、自然抱着敬畏的态度④,亦是合乎情理的。当然,不论天人协调说,还是天人合一说,均不否认对自然的改造和调整,但是,它们与西方的征服自然说在本质上有所不同,即认为人在自然中处于辅助的地位,而不是主导的地位,人类活动的目标只是把自然调整、改造得更符合人类的需要⑤,而不是统治自然。

不难发现,关于人与自然的关系,中西方传统观念差异很大,从而也影响到人生路向、文化路向乃至处世哲学的选择。征服自然说使得西方文化以意欲向前要求为根本精神,在处世哲学上重视"分别与对抗";而中国的天人合一思想使得中国文化以意欲自为调和、持中为根本精神,在处世哲学上重视"和谐与统一"。

2.传统文化路向与传统教育

中国传统文化以意欲自为调和、持中为根本精神,处世哲学重视"和谐与统一",对中国传统教育产生重要影响;西方文化以意欲向前要求为根本精神,处世哲学重视"分别与对抗",对西方传统教育产生很大影响。接下来本研究对中西方最早的教育作品及教育专著进行比较分析。

其一,从最早的教育作品分析传统文化路向及处世哲学对传统教育的影响。中国最早有关教育的著作是《论语》,西方最早有关教育的著作是柏拉图的《理想国》,本研究试从知识来源的角度对这两部早期巨著进行比较。《理想国》里面提及苏格拉底的"产婆术",即教师通过"诘问"在精神上助产学生,引导学生思考和"辩论",过程中教师和学生有多轮对话,并且观点有多次"交锋"和"对抗",直至学生最终形成正确观点。在苏格拉底的教育理念里,知识源于与他人观点的"对抗",这与西方文化路向和处世哲学密切相关。而《论语》是孔子弟子记录孔子言行的作品,在《论语》里,孔子的一言一语皆是学生的精神之源。《论

---

① 贾文龙,张卓艳.中西方自然观的历史演进及发展愿景探析[J].黑河学刊,2017(1):93—95.
② 韩晓玲.中西方人与自然和谐观之比较[J].今日湖北(理论版),2007(6):30—31.
③ 卜商.子夏易传(卷十周易).清通志堂经解本:101.
④ 许倬云.中国古代文化的特质[M].厦门:海峡出版发行集团:鹭江出版社,2016:52.
⑤ 张岱年,程宜山.中国文化精神[M].北京:北京大学出版社,2015:49.

语》体裁大多是"子曰",或者学生问孔子答,问答环节往往仅有一问一答并且往往止于"答",在《论语》里很难看到"对抗"的成分,更多的是一种"和谐",孔子的学生听从孔子的观点,加以消化吸收后形成自己的观点。不难看出,中国文化以意欲自为调和、持中为根本精神的路向对中国传统教育影响深刻。

其二,从最早教育专著分析传统文化路向及处世哲学对传统教育的影响。中国最早教育专著是《学记》,西方最早教育专著是昆体良的《论演说家的教育》。《论演说家的教育》又译为《雄辩术原理》,从书名即可看出,西方古代教育重视培养有"对抗"精神的辩论家、演说家,反映出西方传统文化路向的选择;而《学记》系统阐明了教育目的,教学制度、原则和方法,教师地位和作用等,强调"教育与政治""学校与考试""师与生""生与学习内容"等各种关系之"和谐",体现出鲜明的中国文化的处世哲学。

3.传统文化路向与双基教学

中国传统文化路向和处世哲学不但影响着中国传统教育,而且对我国数学的发展以及数学双基教学"掌握性"特征的形成也产生深刻影响。

(1)传统文化路向对数学发展的影响

《几何原本》为古希腊数学家欧儿里得所著,奠定了欧洲数学的基础。欧儿里得与世俗数学进行"分别"与"对抗",在纯粹知识的领域里创造了一个演绎体系的数学王国,表现为明显的"以意欲向前要求为根本精神"的西方传统文化路向。而《九章算术》的作者已不可考,相传由西汉张苍等增补、整理而成,它是中国古代第一部数学专著,代表着当时东方数学的最高成就。《九章算术》可谓是中国传统处世哲学"和谐与统一"的产物,包括"与社会和谐"和"与人和谐"两个层面。"与社会和谐"表现为《九章算术》的内容基本涵盖当时社会生活、生产的方方面面,体现出强烈的社会实用性,满足社会对数学的需求;"与人和谐"表现为《九章算术》由历代各家增补修订而成,实乃集体智慧之结晶,并且不少数学家竭毕生精力为《九章算术》作注且"述而不作",即只是解释和阐明前人的学说,自己不创作。更有甚者,有些数学家将新的数学发现用"曲成"的方法纳入已有模式,如宋代数学家秦九韶在《数书九章》中增加了"大衍类",他明知"大衍法"是一种新的数学方法,却受"述而不作"观念的影响,声称"大衍法"是《周易》早已有之的内容,《九章算术》没有记载只是因为作者疏忽罢了。[①] 这种述而不作的研究方式,深受"以意欲自为调和、持中为根本精神"的中国传统文化路向之影响,重视"和谐与统一",缺少"分别与对抗",鲜有批判、评价和创造精神。

---

① 欧阳维诚.试论《周易》对中国古代数学模式化道路形成及发展的影响——兼谈李约瑟之谜[J].周易研究,1999(4):95—96.

（2）传统文化路向对双基教学的影响

在西方传统文化路向和处世哲学影响下，西方数学教学"以意欲向前要求为根本精神"，重视"分别与对抗"，有着"动态感"和鲜明的"创生性"特征；而在中国传统文化路向和处世哲学影响下，我国数学教学"以意欲自为调和、持中为根本精神"，重视"和谐与统一"，有着"静态感"和强烈的"掌握性"特征。后者主要表现为：在数学教学过程中，关注学生的记忆、理解，在此基础上引导学生消化、吸收、掌握教材中的数学基础知识技能，与"他人"观点达成和谐与统一；然后将已掌握的数学基础知识技能在社会生活、生产中加以运用，与社会达成和谐与统一，这个过程充分体现了我国数学双基教学的"掌握性"特征。

"掌握性"特征对我国数学双基教学整个体系影响深远，如在双基教学师生观上，教师具有权威性，注重传道授业解惑，关注学生数学内容的掌握情况；在双基教学目的上，注重培养掌握一定基础知识和基本技能的"学以致用"的数学实用型人才；在双基教学内容上，重视基础性、实用性数学知识和技能的传授和掌握；在双基教学方法上，重视记忆、理解和运用，通过启发诱导来引导学生循序渐进地学习，强调学生多做练习以实现熟能生巧，巩固和掌握扎实的基础知识与基本技能；在双基教学评价上，关注考试和分数，重视测量学生对数学学习的掌握程度；等等。

综上所述，从中国传统文化维度看，我国数学双基教学有三个初始条件：其一，传统"社会本位"的价值取向对双基教学思想及其体系的形成有着重要影响；其二，传统精耕农业背景下，双基教学内容重视"基础性"和"实用性"，教学方法强调勤奋苦学；其三，在传统文化路向影响下，双基教学"以意欲自为调和、持中为根本精神"，重视"和谐与统一"，有着"静态感"和强烈的"掌握性"特征。可见，我国数学双基教学的形成绝非偶然，它是几千年来中华文明发展的必然结果。[①]

二、"稳定网络结构"推进路径强化

我国数学双基教学的结构效应主要来自于双基教学各种条件和各个要素所产生的整体特质。[②] 双基教学演进不但受到初始条件、数学双基教学思想、数学双基教学系统各要素及其整体结构的共同制约，而且各种条件和各个要素之间呈现出一种牢固的耦合关系，在这些力量的共同作用下，我国数学双基教学以一种稳定的网络状结构推进路径强化，形成路径依赖并出现"稳定"现象。

---

① 张奠宙.中国数学双基教学[C].上海：上海教育出版社，2006：200.
② 李定仁，范兆雄.教学要素与教学系统最优化[J].教育科学，2003（6）：18.

(一)双基教学演进之"树形结构"

我国数学双基教学演进过程是一个紧密联系、自成逻辑的过程。从纵向看,自春秋汉代数学双基教学思想萌芽,到隋唐时期数学双基教学系统创立,再到近代数学双基教学制度成型;从横向看,每个形成阶段各种条件、各个要素互相耦合,彼此作用。

为了方便深入阐释,本研究制作了"树形图"(见图8.7)。先来看树根、树干和树枝的关系,这三者联系十分紧密,树根是树的根基,树生命开始的地方,它从土壤中汲取养分;树干是树的支柱,它为树贮存养分;而树枝是树的组成要素,它传输养分,为开花结果作准备。一棵树的成长需要树根吸收养分,树干贮存养分,树枝传输养分,而一切养分皆源于环境。再来看我国数学双基教学,如果将双基教学的演进过程看作一棵树的生长过程,双基教学之初始条件相当于"树根",双基教学思想相当于"树干",双基教学系统以及制度相当于"树枝"。数学双基教学演进过程需要从双基教学初始条件(树根)中吸收养分,形成双基教学思想(树干),双基数学系统以及制度为数学双基数学的演进输送养分。那么,数学双基教学的"养分"是什么?诺思(North)指出"我们的文化传统是根本性的制约因素,我们必须仍然考虑这些制约因素"①。确实,数学双基教学的"养分"是中国传统文化,数学双基教学思想(初始路径)正是在中国传统文化(初始条件)"滋养"下形成的。若要进一步追问:数学双基教学的"养分"源于什么?

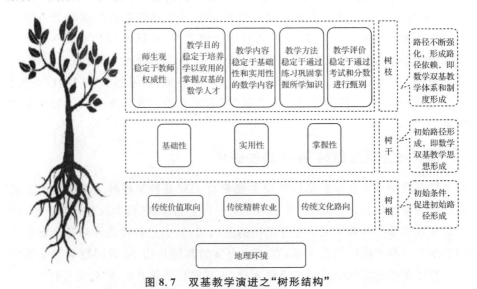

图 8.7 双基教学演进之"树形结构"

① [美]道格拉斯·诺思.制度变迁理论纲要[J].改革,1995(3):56.

答案是源于环境。由图 8.7 可见,古代中国文明发源地之地理环境(环境),决定了中国传统文化(树根)之特质选择,在中国传统文化"给养"下双基教学思想(树干)生成,双基教学系统以及制度(树枝)得以不断茁壮,我国数学双基教学之路径依赖形成。

(二)双基教学演进之"稳定网络结构"

我国数学双基教学演进过程并不是单个条件或要素的演进过程,而是各种条件和各个要素互相耦合、彼此作用,共同推动数学双基教学结构性演进的过程。该结构性演进具有稳定性和凝固性[①],决定了系统演进之非随意性,使得我国数学双基教学在很长一段时期内保持相对稳定。值得一提的是,"树形图"的分析方法适用于分析双基教学演进之结构性特征。双基教学之"树根""树干""树枝"皆由多个条件或要素及其错综复杂之联系耦合而成,有着强烈的关联性(见图 8.8 各个箭头),呈现出鲜明且稳定的双基教学之网络状结构,下面分别加以阐述。

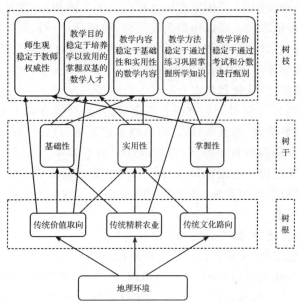

图 8.8　双基教学演进之"稳定网络结构"

1."初始条件"(树根)之稳定结构

J. P. Mahoney 指出早期历史事件一旦发生,路径依赖就形成相关确定性的因果模式。[②] 这里的"早期历史事件"相当于 S. J. Leibowitz 和 S. E. Margolis

---

①　杨卫安. 中国城乡教育关系制度的变迁研究[M]. 长春:东北师范大学出版社,2012:249.

②　Mahoney J P. Dependence in Historical Sociology[J]. Theory and Society,2000,29(4):507—548.

所指的"初始条件"。史学家许倬云认为每种文化皆有自身的"基因",最早的基因形成与"选择"有关,而选择往往与其文化发源地特定的地理环境密切相关。[①]中国古代文明发源于"中原",以安阳为中心的黄河流域物资相对丰富,不同于两河流域的人们需要长途跋涉交换物资,中原地带的人们无须长途跋涉交换物资即可满足生活需求;同时,黄河流域的黄土并不肥沃,需要长期保持耕耘同一块土地才能获得好收成,这些因素使得中原人们选择长期稳定地生活在同一块地方。这样的"地理环境"慢慢"选择"出我国数学双基教学的三个"初始条件"。

(1)初始条件之"社会价值取向"

中原的地理环境使得人们选择长期稳定地生活在同一块地方,长期定居促进亲缘关系不断加强,加之中国古代"移民"(从母群向外移殖)形态往往是"填空隙"[②],而非长程移民。这样母群与子群之间的距离较近,互相依存的亲缘关系更为密切、更为持久。自周代起,中国传统社会就选择以血缘宗法来结合人群,逐渐形成家族制度,这种家族制度以"忠孝"为最高社会道德准则,家族利益重于个体利益;推及国家,即国家和社会利益高于个体利益,这就形成中国传统"社会本位"的价值取向。可以用箭头表示为:地理环境→长期定居→家族制度→社会价值取向。社会价值取向作为初始条件之一,对数学双基教学师生观、教学目的观、教学评价观等均产生重要影响。

(2)初始条件之"传统精耕农业"

中原的地理环境使得人们选择长期定居,并且经济方式主要以农耕为主,而区别于渔业、游牧业、商业等,加之定居越来越密集,自汉代开始,中国就选择了以精耕细作为基调的农业经济,并且延续了两千多年。可以用箭头表示为:地理环境→长期定居→土地稀缺→传统精耕农业。精耕农业作为初始条件之一,对数学双基教学内容重视"基础性"和"实用性",教学方法强调勤奋苦学等方面产生重要影响。

(3)初始条件之"传统文化路向"

长期在中原定居,长期在同一块土地耕耘,在人与自然的关系上,古代中国人选择了一条重视人对自然的"崇尚与协调"之路,与西方文化主张"战胜自然、征服自然"有着本质差异,由此产生中国传统文化路向"以意欲自为调和、持中为根本精神",处世哲学重视"和谐与统一"。可以用箭头表示为:地理环境→长期定居→自然观→传统文化路向。传统文化路向作为初始条件之一,使得我国数学双基教学思想呈现出鲜明的重视"掌握性"的特征。

三个初始条件不但与"地理环境"紧密联系,而且互相之间亦密切相关。如

---

①　许倬云.中国古代文化的特质[M].厦门:海峡出版发行集团·鹭江出版社,2016:21.

②　许倬云.中国古代文化的特质[M].厦门:海峡出版发行集团·鹭江出版社,2016:17.

"精耕农业"与"自然观",中国人强调人与自然"和谐统一"的自然观,这与以精耕农业为主的经济方式有关,中国人需从自然中讨生活,因而对天地、自然抱着敬畏的态度。[①] 可见,双基教学初始条件相互作用、彼此关联,组成错综复杂且互相耦合之树根,为数学双基教学思想之形成奠定了稳固扎实的基础。

综上所述,中国古代文明因"地理环境"而"选择"出来的三个初始条件,其一旦形成就扎下深厚根基,为数学双基教学思想(初始路径)的产生建立了一种确定性的因果模式,亦可称之为"惯性"(路径依赖性)。[②] 本研究此处追溯数学双基教学之初始条件不仅仅是一种怀旧,更主要的是探索数学双基教学路径依赖之因果关系,揭示其发展之原因。历史学家孙隆基指出"每一种文化都有它独特的一组文化行为,它们总是以一种只有该文化特有的脉络相互关联着——这个脉络关系就是这组文化行为的'结构'"[③]。形成数学双基教学之中国传统文化亦然,其特有的结构和脉络为数学双基教学初始路径之形成提供了初始条件。

2.双基教学思想(树干)之稳定结构

双基教学思想(树干)在树形图中处于中间位置,它在初始条件基础上形成,呈现出"基础性""实用性"和"掌握性"的结构性特征,并影响数学双基教学系统及其各要素之路径发展,起到"承上启下"的枢纽作用。

由图8.8可见,树根为树干提供"养分"的途径主要有三条:其一,传统价值取向→实用性+基础性。中国"社会本位"的传统价值取向与数学双基教学之"实用性""基础性"密切相关。在社会价值取向下,中国传统数学教学并非纯粹知识领域的探索,而与社会生活、生产紧密联系,具有很强的实用性;同时,与社会生活、生产紧密联系的数学教学从程度上来说往往并不高深,呈现"基础性"特征。其二,传统精耕农业→基础性+实用性。中国传统精耕农业需要"精打细算",这就要求地主和佃户掌握基本的数学知识和技能,故传统数学教学重视基础性;精耕农业还将数学教学和"实用性"紧密联系在一起,土地的丈量、田亩面积的计算、各种粮食抵押交换问题、赋税的计算等,这些数学内容均有着很强的实用性,《九章算术》就是在这种社会实际需求的背景下产生和发展起来的,构建了一个数学的实用体系。[④] 其三,传统文化路向→掌握性+实用性。中国传统文化路向"以意欲自为调和、持中为根本精神",在该文化路向影响下,中国

---

① 许倬云.中国古代文化的特质[M].厦门:海峡出版发行集团·鹭江出版社,2016:52.

② Mahoney J P. Dependence in Historical Sociology[J]. Theory and Society,2000,29(4):507－548.

③ 孙隆基.中国文化的深层结构[M].北京:中信出版社,2015:9.

④ 孙宏安.《九章算术》思想方法的特点[J].辽宁师范大学学报(自然科学版),1997,20(4):287.

数学教学重视"和谐与统一",有着"静态感"和强烈的"掌握性"特征,主要表现为:在数学教学过程中,关注学生的记忆、理解,在此基础上引导学生消化、吸收、掌握教材中的数学基础知识技能,与"他人"观点达成和谐与统一;然后将已掌握的数学基础知识技能在社会生活、生产中加以运用,与"社会"达成和谐与统一。后者同时也体现了"实用性"特征。

不难发现,数学双基教学思想(树干)汲取中国传统文化(树根)之养分,形成了稳定且牢固的网络状结构,为数学双基教学系统及各要素(树枝)之枝繁叶茂做好准备。

3.双基教学系统(树枝)之稳定结构

数学双基教学初始路径决定了其整个系统的路径走向,而数学双基教学系统整体结构又决定了系统各要素的发展。在数学双基教学初始路径和整体结构的共同制约下,数学双基教学系统各要素以一种既定的结构性的状态稳定发展,并且各要素之间亦呈现出一种牢固的耦合关系。

由图 8.8 可见,双基教学系统各要素(树枝)之路径发展受到数学双基教学思想(树干)之制约,同时还受到数学双基教学初始条件(树根)的影响。下面对各要素分别进行剖析:(1)传统价值取向+掌握性→师生观重视教师权威性。中国传统建立在家族制度基础上的社会价值取向影响下,教师的身份俨然家族制度里家长的身份,具有权威性,教师的职业任务是传道授业解惑。在这种师生观影响下,教师教学以讲授为主,注重学生对知识的记忆、理解和掌握,教师在教学过程中具有主导作用。(2)传统价值取向+基础性+实用性→教学目的重视培养"学以致用"的掌握双基的数学人才。传统"社会本位"的价值取向对教学目的产生重大影响,表现为重视培养"学以致用"的社会所需人才;同时"基础性"和"实用性"也对教学目的产生制约作用,即教学目的不但重视培养"学以致用"的人才,而且该人才还是具有一定的数学基础知识和基本技能的数学实用人才。(3)基础性+实用性→教学内容重视基础性和实用性。数学双基教学思想重视基础性和实用性,集中表现为重视选择基础性和实用性的数学教学内容。(4)传统精耕农业+掌握性→教学方法重视通过练习巩固掌握所学知识。传统精耕农业背后体现着农民吃苦耐劳[①]的精神,反映在教学方法上,就是重视培养学生勤奋苦学的精神,强调熟能生巧;数学双基教学思想之"掌握性"强调学生多做练习巩固掌握所学知识技能,这些都促使教学方法稳定于练习和巩固掌握。(5)掌握性→教学评价重视通过考试和分数进行甄别。数学双基教学思想重视掌握性,使教学评价稳定于考试和分数,强调高分和高掌握性。

---

① 张岱年,程宜山.中国文化精神[M].北京:北京大学出版社,2015:127.

　　双基教学系统各要素互相之间也是耦合关系,构成一种有张力的稳定结构。"教学系统的结构是指教学要素之间相对稳定的、有一定规则的联系方式的总和。"①数学双基教学系统由五要素构成,数学双基教学师生观、教学目的、教学内容、教学方法和教学评价,其中教师和学生是教学活动主体,共同构成师生观要素,其他四要素为教学过程要素。双基教学师生观影响着教学过程四要素,而教学四要素也对双基教学师生观产生一定反作用;同时,教学过程四要素联系密切,结构稳定,双基教学目的决定了教学内容的选择,而教学目的和教学内容共同影响了教学方法和教学评价。当然,教学过程四要素并非单向影响,它们是耦合关系,存在一定的相互作用。在教学目的决定教学内容选择的同时,教学内容对教学目的有一定的反馈和修正作用;在教学目的和内容影响了教学方法和评价方式的同时,教学方法和评价也对教学目的和内容作出一定反馈和修正。② 同时,双基教学系统各要素的稳定路径对数学双基教学系统整体结构产生一定反馈,强化了数学双基教学"基础性""实用性""掌握性"之特征。

第三节　双基教学路径依赖实例分析

一、双基教学的形成

　　"我国数学双基教学真的是 1952 年才开始形成的吗? 真的是在苏联教育理论和教学大纲基础上形成的吗?"为了回答该问题,本书通过列表梳理双基教学演进过程中各阶段的教学目的、教学内容、教学评价、师生观和教学方法等各要素,进行对比分析,试图厘清双基教学演进过程各要素表现出来的"路径依赖性"及其"路径稳定"现象。

　　(一)教学目的之历史梳理

　　自春秋战国以来,中国传统数学教学就有着鲜明的"实用性"的目的,旨在培养"学以致用"的当时社会所需的数学人才。由表 8.2 可见:春秋战国时期培养畴人和工匠,畴人是指当时社会世代相承专门掌管天文历法的人;汉代提出"数有玄理,学可致用",注重儒学并认为"数有玄理",能为儒士"论天道"、明儒经服务;隋唐时期设立算学,旨在培养历算、天文和政府的数学专门人才;宋元时期,算学进一步发展,教学目的仍是培养推算历法、修本朝正史及社会经济事

---

　　① 苗东升.系统科学精要[M].北京:中国人民大学出版社,1998:27-31.
　　② 吴文侃.略论现代教学方法系统观[J].外国中小学教育,1997(4):9-11.

业发展所需的数学人才。

表 8.2　不同历史阶段关于教学目的之比较

不同历史阶段	关于教学目的之表述	补充说明	路径依赖
春秋战国数学教学	培养畴人和工匠		
汉代数学教学	"数有玄理,学可致用。"①		
唐代算学教学	培养历算、天文和政府数学专门人才		
宋代算学教学	培养推算历法、修本朝正史及社会经济事业发展所需的数学人才		教学目的重视培养学以致用的掌握双基的实用人才
《奏定初等小学堂章程》之算术科目(1904 年)	教学要义:"在使知日用之计算,与以自谋生计必需之知识,兼使精细其心思。当先就十以内之数示以加减乘除之方,使之纯熟无误,然后渐加其数至万位而止,兼及小数;并宜授以珠算,以便将来寻常实业之用。"②	"模仿"日本学制	
《小学算术科课程纲要》(1923 年)	教学主旨:"练习处理数和量的问题,以运用处理问题的必要工具。"③具体要点如下:(1)在日常的游戏和作业里,得到数量方面的经验;(2)能解决自己生活状况里的问题;(3)能自己寻求问题的解决方法;(4)有计算正确而且敏速的习惯	"模仿"美国学制	
《小学算术课程暂行标准》(1929 年)	助长儿童生活中关于数量的常识和经验;养成儿童解决日常生活里数量问题的实力;练成儿童日常计算敏速和准确的习惯	在制度层面首次提出知识、技能和思维三个维度数学教学目的	
《小学算术教学大纲(草案)》(1952 年)	保证儿童自觉地和巩固地掌握算术知识和直观几何知识;使他们(儿童)获得实际运用这些知识的技能;培养和发展儿童的逻辑思维④	"模仿"苏联教学大纲	

　　进入近代,1904 年《奏定初等小学堂章程》之算术科目提出的教学要义是:"在使知日用之计算,与以自谋生计必需之知识,兼使精细其心思。当先就十以

---

　　① 王权.中国小学数学教学史[M].济南:山东教育出版社,1995:19.

　　② 学制:奏定初等小学堂章程(未完)[J].浙江教育官报,1909(9):49—53.

　　③ 俞子夷.新学制小学课程纲要草案:算术科课程纲要(附表)[J].教育杂志,1923,15(4):5—6.

　　④ 课程教材研究所.20 世纪中国中小学课程标准、教学大纲汇编(数学卷)[G].北京:人民教育出版社,2001:55.

内之数示以加减乘除之方,使之纯熟无误,然后渐加其数至万位而止,兼及小数;并宜授以珠算,以便将来寻常实业之用。"其中"使知日用之计算""与以自谋生计必需之知识""以便将来寻常实业之用"等都将数学教学目标继续稳定为"学以致用";其中"当先就十以内之数示以加减乘除之方"还可看出当时教学目的重视"基础性"。值得一提的是,古代数学教学对象及应用范围相对局限,往往以培养专门数学人才从事专门职业(如天文、历法等)为主,而进入近代后,随着社会经济的发展,数学教学对象和应用范围急剧增加,故1904年章程中出现"以便将来寻常实业之用"。1923年《小学算术科课程纲要》提出教学主旨,"练习处理数和量的问题,以运用处理问题的必要工具",亦是强调"学以致用"。

1929年《小学算术课程暂行标准》同样强调"学以致用",并且在制度层面首次提出知识、技能和思维三个维度的数学教学目的:"助长儿童生活中关于数量的常识和经验"为知识维度教学目的;"养成儿童解决日常生活里数量问题的实力"为技能维度教学目的;"练成儿童日常计算速度和准确的习惯"为思维维度教学目的,强调思维的准确性和敏捷性。1952年教学大纲与1929年《小学算术课程暂行标准》接近,继续强调"学以致用",并且涉及知识、技能、思维三个维度,在语言上更直接使用"知识""技能""思维"三个词汇。

依照路径依赖分析法,以小学数学为例,将我国数学双基教学目的之演进看作一条路径,不难发现,自春秋战国以来,该路径一直有着"学以致用"的数学教学目的。尽管在不同历史时期、不同社会背景下,亦曾出现模仿日本、美国、苏联等的情形,教学目的具体表述上有所差异,但是不容置疑的是,在路径依赖性影响下,该路径一直强调"培养学以致用的掌握双基的数学人才"。

1952年教学大纲尽管看上去是"模仿"苏联教学大纲的"新生事物",但是从历史的角度看,该大纲之教学目的有着悠久历史和浓厚的中国本土气息:"学以致用"之教学目的可追溯至春秋战国;教学目的中关于知识、技能等维度的划分亦可追溯至1929年课程标准。

(二)教学内容及要求之历史梳理

我国基础教育阶段数学教学内容一向重视基础性和实用性。春秋战国时期,"学习记数方法、简单筹算以及一些实用的计算方式"[①]为重视基础性和实用性的数学教学内容奠定了基调;汉代数学的启蒙教材已无法考查,《九章算术》并没有提出整数的四则运算方法,而是着重指点分数的通分、约分和加、减、乘、除法则,故《九章算术》并不是算术的启蒙教材,可能是后期学习的内容之一。《九章算术》是一部问题集,全书"九章",包括方田、粟米、衰分、少广、商功、均

---

① 王权.中国小学数学教学史[M].济南:山东教育出版社,1995:14.

输、盈不足、方程和勾股，一共 246 个数学问题，基本上都是与生产实践、日常生活有联系的实际应用问题，具有鲜明的"实用性"特征。

唐代《算经十书》是历史上首次由国家颁行的数学教科书，包括《孙子算经》《五曹算经》《九章算经》《海岛算经》《张丘建算经》《夏侯阳算经》《周髀算经》《五经算术》《数术记遗》《缉古算经》。① 其中《孙子算经》共三卷：上卷讨论度量衡单位和筹算计数；中卷是关于分数的应用题，包括面积、体积、等比数列等计算题；下卷有鸡兔同笼等应用题。《五曹算经》中"五曹"即五种类型官员，其中"田曹"涉及各种田亩面积的计算，"兵曹"涉及给养运输、军队配置等军事数学，"集曹"涉及贸易交换，"仓曹"涉及仓窖体积和粮食税收，"金曹"涉及丝织物交易等，②该书"解题方法都很浅近，数字计算不需要分数的概念"③。这些教学内容均十分重视"基础性"和"实用性"。宋代校刊唐代的《算经十书》并进行刻制印刷，形成世界上最早的活字印刷本数学教科书。④

1904 年《奏定初等小学堂章程》之算术科目明确了教学要义，⑤其中"当先就十以内之数示以加减乘除之方"体现了重视数学教学内容的基础性，而"使知日用之计算，与以自谋生计必需之知识"则强调了数学教学内容的实用性。1904 年《奏定初等小学堂章程》之算术科目还规定了一至五年级的教学进度（见表 8.3），体现了教学进度按一定顺序和步骤在进行。

表 8.3　不同历史阶段关于教学内容及要求之比较

不同历史阶段	关于教学内容及要求之表述	补充说明	路径依赖
春秋战国数学教学	学习记数方法、简单筹算以及一些实用的计算方式		
汉代数学教学	当时数学的启蒙教材无法考查；《九章算术》并没有提出整数的四则运算方法，而是着重指点分数的通分、约分和加、减、乘、除法则，故《九章算术》不是算术的启蒙教材，可能是后期学习的内容之一		
唐代算学教学	《算经十书》:《孙子算经》《五曹算经》《九章算术》《海岛算经》《张丘建算经》《夏侯阳算经》《周髀算经》《五经算术》《数术记遗》《缉古算经》		
宋代算学教学	活字印刷《算经十书》		

①　王青建.算经十书与数学史教育[J].内蒙古师范大学学报(自然科学汉文版),2009(5):582－585.
②　陈巍,邹大海.中古算书中的田地面积算法与土地制度[J].自然科学史研究,2009,28(04):426－436.
③　钱宝琮.中国数学史[A].李俨钱宝琮科学史全集(第 5 卷)[C].沈阳:辽宁教育出版社,1998:99.
④　王权.中国小学数学教学史[M].济南:山东教育出版社,1995:37.
⑤　学制:奏定初等小学堂章程(未完)[J].浙江教育官报,1909(9):49－53.

不同历史阶段	关于教学内容及要求之表述	补充说明	路径依赖
《奏定初等小学堂章程》之算术科目（1904年）	(1)教学要义："在使知日用之计算，与以自谋生计必需之知识，兼使精细其心思。当先就十以内之数示以加减乘除之方，使之纯熟无误，然后渐加其数至万位而止，兼及小数；并宜授以珠算，以便将来寻常实业之用。"① (2)教学进度： 第一年：数目之名；实物记数；二十以下之算术；书法；计数法；加减； 第二年：百以下之算术；书法；记数法；加减乘除； 第三年：常用之加减乘除； 第四年：通用之加减乘除；小数之书法、记数；珠算之加法； 第五年：通用之加减乘除；简易之小数；珠算之加减乘除	"模仿"日本学制	教学内容强调基础性和实用性
《小学算术科课程纲要》（1923年）	初级最低标准：(1)计算整数四则、小数四则（除法法数不用小数）、诸等（重量、距离、面积）四则，正确而且敏速；(2)解决生活方面用四则计算的简易问题，正确而且敏速； 高级最低标准：(1)计算整数四则、小数四则、分数四则（分母不必含十三以上的质数，并且不用叠分形式），正确而且敏速；(2)能解决整数四则二层以下的问题，含诸等或分数关系的问题，用小数解答的问题，含比例关系、百分关系等问题，正确而且敏速；(3)能使用通常的家用簿记	(1)"模仿"美国学制； (2)教学"限度"，即教学最低标准，实则"基础知识和基本技能"，为中国小学数学双基教学中的"基础"两字找到了历史依据	
《小学算术教学大纲（草案）》（1952年）	基础知识和基本技能范畴：(1)整数四则运算（包括无名数和名数）的巩固知识、口算和笔算的熟练技巧；(2)市用制和公用制度、量、衡计算法及时间计算法的巩固知识和实际应用的技能；(3)分数、小数、百分率的初步知识和简单小数四则的计算技能；(4)直观几何的基本知识和实际应用这些知识的技能；(5)解各种整数应用题的技能	(1)"模仿"苏联教学大纲； (2)制度层面首次规定小学数学"双基"范畴	

　　1923年的《小学算术科课程纲要》中提及教学"限度"，即教学最低标准，实则为"基础知识和基本技能"，充分体现了教学内容的"基础性"。尽管当时尚未从制度层面正式提出"双基"，却为中国小学数学双基教学中的"基础"两字找到了历史依据。此外，1923年纲要提及"解决生活方面用四则计算的简易问题""能使用通常的家用簿记"等亦体现了教学内容对"实用性"的重视。1952年的《小学算术教学大纲（草案）》在制度层面首次规定数学"基础知识和基本技能"范畴，这些"基础知识和基本技能"不但具有"基础性"，还具有"实用性"，如"实际应用这些知识的技能""解各种整数应用题的技能"等。通过1923年课程纲

---

① 学制：奏定初等小学堂章程（未完）[J].浙江教育官报，1909(9)：49—53.

要和1952年教学大纲的对比研究发现:两者大部分一致,均涉及整数四则、小数四则、分数、百分数、应用题等教学内容,相比而言,1923年课程纲要对"分数"教学的要求比1952年教学大纲更高;1952年教学大纲要求儿童获得直观几何的基本知识和实际应用这些知识的技能,而1923年课程纲要没有提及。

依据路径依赖分析法,以小学数学为例,将我国数学双基教学内容之演进视为一条路径,研究者发现,自春秋战国以来,该路径一直重视"基础性"和"实用性"的数学教学内容。尽管"西学东渐"和"洋务运动"使得中国数学家接触到西方数学思想及其体系,数学教学内容变得不断丰富和充实起来,但是不容置疑的是,在路径依赖性影响下,该路径一直强调"基础性和实用性的数学教学内容"。

1952年教学大纲尽管有"模仿"苏联教学大纲的"痕迹",但是,从历史的角度看,重视"基础性和实用性的数学教学内容"仍可追溯至春秋战国时期,故该大纲之教学内容仍然可谓是中国历史和本土化发展的选择。同时,不能否认的是,1952年教学大纲与1923年课程纲要关于教学内容的表述有着很多相似之处,可见1952年教学大纲是在1923年课程纲要基础上发展起来的,并不是对苏联教学大纲的简单复制。

(三)师生观和教学方法之历史梳理

教学方法往往是一定师生观下的教学方法,体现为某种教学思想和教学实践活动,两者难以割裂,故研究者将师生观和教学方法放在一起探讨。

春秋战国时期,中国传统教学理念开始形成(见表8.4),教学过程中,教师具有权威性,重视引导学生循序渐进地学习,巩固和掌握扎实的基础知识与基本技能。教师一方面启发诱导,培养学生举一反三的能力;一方面受传统勤奋苦学文化的熏陶,强调学生多做练习,以实现熟能生巧。

表8.4　不同历史阶段关于师生观和教学方法之比较

不同历史阶段	关于师生观和教学方法之表述	补充说明	路径依赖
中国传统教学理念(春秋战国)	(1)中国自古尊师重教,教师地位神圣不可侵犯,老师具有权威性,主要职责是"传道授业解惑"; (2)传统教学过程中,教师重视引导学生循序渐进地学习,巩固和掌握扎实的基础知识和基本技能。教师一方面启发诱导,培养学生举一反三的能力;一方面受传统勤奋苦学文化的熏陶,强调学生多做练习,以实现熟能生巧		
唐代算学教学	(1)算学学生在新入学时要行"束脩之礼",即学生向教师行拜师礼仪并送上一定的实物以示尊重之意; (2)以讲经诵经、自学辅导为特征的教学方法。《算经十书》中算法皆用文字表述,无笔算列式及算术公式表达,加之古代文言文晦涩难懂,所以一方面需要教师讲经诵经,引导学生理解经文,另一方面需要学生反复诵读,勤学思考,以至熟能生巧		

（续表）

不同历史阶段	关于师生观和教学方法之表述	补充说明	路径依赖
《奏定初等小学堂章程》之算术科目（1904年）	数学教学方法强调循序渐进和熟能生巧	"模仿"日本学制	师生观强调教师的权威性；教学方法强调通过练习巩固掌握所学知识
《小学算术科课程纲要》（1923年）	(1)宜注意从学生生活里,使学生发生需要工具的动机;(2)计算宜注重练习,以便养成正确迅速的习惯;(3)问题以切合学生生活的为主体;(4)方法原理宜用归纳的建造,不宜用演绎的推展	"模仿"美国学制	
《小学算术教学大纲(草案)》（1952年）	(1)重视口算的熟练技巧;(2)重视从直观教学开始发展儿童抽象的数学概念和抽象思维;(3)重视练习、复习和检查。依靠各种练习来培养儿童计算的熟练技巧,在练习前教师必须详细讲解,使儿童理解透彻,保证他们在练习中能自觉地运用思考,顺利地解答问题,练习除在课内进行外,还要在课外进行,养成巩固的熟练技巧;通过有系统地进行复习和检查使儿童更巩固地掌握所学的教材,除日常的复习检查以外,在每一个阶段结束和学期、学年终了时都应进行总复习和成绩的考查;(4)重视培养数学学习的明确性与准确性等优良品质;(5)重视培养儿童数学学习过程中善于钻研、创造、克服困难、有始有终等意志和性格	"模仿"苏联教学大纲	

　　传统教学理念一直影响着传统数学教学,隋唐时期,算学的设立标志着数学教育专门化程度的提高,有了专门的算学教师(博士、助教)和学生。算学学生在新入学时要行"束脩之礼",即学生向教师行拜师礼仪并送上一定的实物以示尊重之意。算学教师在教学过程中,教学方法以讲经诵经、自学辅导为主。众所周知,《算经十书》中算法皆用文字表述,无笔算列式及算术公式表达,加之文言文晦涩难懂,所以一方面需要教师讲经诵经,引导学生理解经文,另一方面亦需学生反复诵读,勤学思考,以至熟能生巧。不难发现,隋唐时期师生观一如传统,即"重视教师权威性";教学方法亦如传统,教师注重启发诱导,强调反复练习、勤学思考和掌握巩固。

　　1904年《奏定初等小学堂章程》之算术科目中提及的教学要义:一方面,强调在数学教学上应该循序渐进地开展教学,如"当先就十以内之数示以加减乘除之方""然后渐加其数至万位而止,兼及小数"[①],即先教学十以内数的加减乘除,然后数位不断增加,直到万位,数的范畴也是先学习整数,然后推及小数等;另一方面,强调数学教学应注重掌握巩固,如"使之纯熟无误"即熟练掌握,没有错误。不难看出,该教学方法折射的师生观亦是以教师为主导的。

---

　　① 学制:奏定初等小学堂章程(未完)[N].浙江教育官报,1909(9):49—53.

1923 年的《小学算术科课程纲要》"模仿"美国学制,提及教学方法有四个注意点:①宜注意从学生生活里,使学生发生需要工具的动机;②计算宜注重练习,以便养成正确迅速的习惯;③问题以切合学生生活的为主体;④方法原理宜用归纳的建造,不宜用演绎的推展。[①] 其中"计算宜注重练习"体现了传统数学教学理念。

1952 年的《小学算术教学大纲(草案)》"模仿"苏联大纲,提及教学方法的要领:(1)重视口算的熟练技巧;(2)重视从直观教学开始发展儿童抽象的数学概念和抽象思维;(3)重视练习、复习和检查。(4)重视培养数学学习的明确性与准确性等优良品质;(5)重视培养儿童数学学习过程中善于钻研、创造、克服困难、有始有终等意志和性格。[②] 这些要领中"重视练习、复习和检查"表述得最为具体,关于"重视练习"就指出三个要点:其一,"依靠各种练习来培养儿童计算的熟练技巧",强调通过练习巩固掌握所学知识;其二,"练习前教师必须详细讲解,使儿童理解透彻,保证他们在练习中能自觉地运用思考,顺利地解答问题",强调教师的权威性和主导作用;其三,"练习除在课内进行外,还要在课外进行,养成巩固的熟练技巧",强调练习的多样性。关于"复习检查"也指出两个要点:一是"通过有系统地进行复习和检查使儿童更巩固地掌握所学的教材",强调复习检查有助于巩固掌握;二是"除日常的复习检查以外,在每一个阶段进行完了和学期、学年终了时都应进行总复习和成绩的考查",强调复习检查的计划性和频繁性,同时亦再次体现了教师地位的权威性。值得注意的是,1952 年教学大纲的母版《苏联初等学校算术教学大纲》中关于"复习检查"只是简单一句话,即"必须尽可能常常使学生检查演算的结果"[③]。可见,1952 年教学大纲对 1950 年苏联教学大纲的"模仿"并非简单照搬,教学方法重视巩固掌握的传统双基教学思想因为"惯性"(路径依赖性)得到了"保留"和体现。

此外,对比 1923 年课程纲要关于教学方法的四个注意点,研究者发现:1952 年教学大纲继续保留下来的只有"计算宜注重练习"这条,其他三个注意点在 1952 年大纲中并没有得到体现,而"计算宜注重练习"恰是中国传统核心教学理念。不难发现,"路径依赖性"尽管看不见,却是真实存在的,中国传统教学理念带着强大的"惯性"(路径依赖性),将双基教学师生观稳定于"教师权威性",并将双基教学方法稳定于"通过练习巩固掌握所学知识"。

① 俞子夷.新学制小学课程纲要草案:算术科课程纲要(附表)[J].教育杂志,1923,15(4):5—6.
② 课程教材研究所.20 世纪中国中小学课程标准、教学大纲汇编(数学卷)[G].北京:人民教育出版社,2001:55.
③ 俄罗斯苏维埃联邦社会主义共和国教育部.苏联初等学校算术教学大纲(1950 年版)[J].人民教育,1952(5):47.

表 8.5 不同历史阶段关于教学评价之比较

不同历史阶段	关于教学评价之表述	补充说明	路径依赖
中国传统教学理念（春秋战国）	"学而优则仕"		
唐代算学教学	（1）国子监算学考试类型有三种：第一种是"旬考"，即每十日进行一次考试；第二种是岁考，即年终考查一年所学的课程，有淘汰制；第三种为毕业考，即所学七年内容通考一次； （2）考试题型有两种："帖经"和"墨义"。"帖经"是一种特殊的填空题，将所试经书翻到任意一页，将其左右两边遮住，中间留出一行，再用纸盖住其中三个字，让考生进行填空；①"墨义"即"问大义"，是一种笔试问答，只要熟记经文就能答出	开设科举"明算科"	教学评价强调考试和分数
宋代算学教学	（1）"三舍法"，是一种分级学习和考试方法； （2）该法将学生按资格和程度分为三舍：初入学者是外舍生；通过学习，外舍生每年考试一次，成绩列入一、二等的学生可升为内舍生；通过继续学习，内舍生每两年考试一次，成绩达到"优""平"两等的学生，如果平时学业和操行合格，就可升为上舍生。上舍生学习两年，参加上舍考试，成绩分上、中、下三等。宋代算学没有科举"明算科"，上舍考试类似于科举省试，上舍毕业生三等成绩皆授官		
洋务运动时期算学教学（1867—1895 年）	天文算学馆的考试与京师同文馆其他学科一样，分为四种：月课，每月初一举行；季课，每年的二月、五月、八月、十一月的初一举行；岁试，每年十月进行，每次岁试以后，成绩优秀的学生可获得二三两的奖银；大考每三年举行一次，由总理衙门执行，大考优异者按科举中试者待，授予七、八、九品官位	新式学堂	
《奏定学堂章程》（1904 年）	自丙午科（1906 年）为始，所有乡会试一律停止；各省岁科考试亦即停止②	①"模仿"日本学制；②废止科举	
20 世纪 20 年代测验改革运动	（1）1922 年，美国测验学家 W. A. Mccall 来华指导编制各种教育和心理测验，许多学校的成绩考查中运用了新式教育测验； （2）测验题型：选择法、填充法、异同法和是非法； 测验内容：计算的能力；解决问题的能力；注意力及应用力； 测验类型：临时试验（规定每学期至少 3 次，比较正规的学校或教师每月测验 1 次）；学期试验；毕业试验（由县统一举行，或数校联合举行）	学习美国教育测验	

① 孙培青.中国教育史[M].上海：华东师范大学出版社,2000:154—155.

② 王权.中国小学数学教学史[M].济南：山东教育出版社,1995:107.

(续表)

不同历史阶段	关于教学评价之表述	补充说明	路径依赖
1937—1945年数学教学	(1)这一时期算术考试有平时测验、小考、大考、学年考;大多数学校,平时测验和小考由教师自定,大考和学年考有组织地进行;① (2)考试分笔试和口试		教学评价强调考试和分数
《小学算术教学大纲(草案)》(1952年)	通过有系统地进行复习和检查,使儿童更巩固地掌握所学的教材,除日常的复习检查以外,在每个阶段进行完了和学期、学年终了时都应进行总复习和成绩的考查	"模仿"苏联教学大纲	

(四)教学评价之历史梳理

"学而优则仕"②是中国传统教学思想,与传统考试文化密切相关,最早由子夏在《论语·子张》中提出。"学而优则仕"一方面把"学"和"仕"联系在一起;另一方面把"学"和"优"联系在一起。何谓优?李泽厚在《论语今读》中指出"优"应当解释为"优良"③,本研究也持该观点。那么,如何评价学生学习是否"优良"?由表8.5可见,中国传统教学评价一直重视考试和分数。自隋唐始,"学而优则仕"就与科举制交织在一起。科举制产生于隋朝,发展却始于唐代,明算科(相当于高等教育阶段)是唐代开设的科目。国子监算学考试(相当于基础教育阶段)与明算科省试接轨。国子监算学考试类型有三种:第一种是"旬考",即每十日进行一次考试;第二种是岁考,即年终考查一年所学的课程,有淘汰制;第三种为毕业考,即所学七年内容通考一次。考试题型有两种:"帖经"和"墨义"。"帖经"是一种特殊的填空题,将所试经书翻到任意一页,将其左右两边遮住,中间留出一行,再用纸盖住其中三个字,让考生进行填空;④"墨义"即"问大义",是一种笔试问答,只要熟记经文就能答出。不难发现,国子监算学考试重视通过考试和分数对学生进行甄别,从实施效果来看,一方面这种方法能使学生熟记古代算法的要点,而另一方面却引导学生走上"死读书"的学习轨道,不能将所学知识融会贯通。当然,科举制在中国乃至世界历史上的地位不容否定,西方学者认为科举制是最公正的选拔方法,是"中国第五大发明"⑤。

宋代王安石提出"三舍法",重视通过考试对学生程度进行区分,实行分级

① 王权.中国小学数学教学史[M].济南:山东教育出版社,1995:243.
② 杨伯峻.论语译注[M].北京:中华书局,1980:202.
③ 李泽厚.论语今读[M].北京:三联书店,2004:516—517.
④ 孙培青.中国教育史[M].上海:华东师范大学出版社,2000:154—155.
⑤ 沈兼士.中国考试制度史[M].北京:中国和平出版社,2014:扉页.

教学,最后依据相应考试成绩授官。"三舍法"的考试类似于唐代国子监算学考试和明算科考试,注重记忆、背诵、掌握并巩固知识要点。"三舍法"将学生按资格和程度分为三舍:初入学者是外舍生;通过学习,外舍生每年考试一次,成绩列入一、二等的学生可升为内舍生;通过继续学习,内舍生每两年考试一次,成绩达到"优""平"两等的学生,如果平时学业和操行合格,就可升为上舍生。上舍生学习两年,参加上舍考试,成绩分上、中、下三等。宋代算学没有科举"明算科",上舍考试类似于科举省试,上舍毕业生三等成绩皆授官,因为宋代统治者重视数学人才,故所授官阶比隋唐时期要高。不难发现,宋代数学教学评价仍然重视通过各级考试和相应分数对人才进行甄别。

　　中国古代传统数学经历了唐宋的发展和明清的没落,洋务运动时期开始改革教育制度,"师夷长技以制夷",学习西方先进的数学教学。1862 年新式学堂同文馆创建,1866 年增设天文算学馆。天文算学馆的教学评价与京师同文馆其他学科一样分为四种:月课,每月初一举行;季课,每年的二月、五月、八月、十一月的初一举行;岁试,每年十月进行。每次岁试以后,成绩优秀的学生可获得二三两的奖银;大考每三年举行一次,由总理衙门执行,大考优异者按科举中试者待,授予七、八、九品官位。[1] 值得一提的是,尽管天文算学馆是学习西方的新式学堂,教学内容、教学组织形式和教学方法等均有所创新,但是教学评价仍重视通过考试和分数对学生进行甄别。

　　1904 年《奏定学堂章程》颁布,1905 年,清光绪帝发布"自丙午科(1906 年)为始,所有乡会试一律停止;各省岁科考试亦即停止"[2]。自此,延续 1300 多年的科举制结束。科举制结束后,西方教育测量、心理测量等理论迅速被引入中国,掀起 20 世纪 20 年代测验改革运动。1922 年,美国哥伦比亚大学测验学家W. A. Mccall 来华指导编制各种教育和心理测验[3],许多学校的成绩考查中运用了新式教育测验。这种新式数学测验题型含选择法、填充法、异同法和是非法;测验内容包括计算的能力,解决问题的能力,注意力及应用力;测验类型主要有三种:第一种临时试验,规定每学期至少 3 次,比较正规的学校或教师每月测验 1 次;第二种学期试验;第三种毕业试验,由县统一举行或数校联合举行。[4]这类新式数学测验尽管在题型、内容等方面有较大改变,但不容忽视的是,新式数学测验仍重视通过考试和分数对学生进行甄别。

　　1937—1945 年,数学教学评价还是重视考试和分数。考试包括平时测验、

---

①　王权.中国小学数学教学史[M].济南:山东教育出版社,1995:100.

②　王权.中国小学数学教学史[M].济南:山东教育出版社,1995:107.

③　胡向东.民国时期关于教育考试问题的三次论争[J].教育与考试,2008(6):35.

④　王权.中国小学数学教学史[M].济南:山东教育出版社,1995:218.

小考、大考、学年考;大多数学校的平时测验和小考由教师自定,大考和学年考有组织地进行。[1] 考试类型主要分为:笔试和口试。1952 年《小学算术教学大纲(草案)》没有专门规定教学评价方式,但是在教学方法"重视练习、复习和检查"中提及"通过有系统地进行复习和检查使儿童更巩固地掌握所学的教材,除日常的复习检查以外,在每一个阶段进行完了和学期、学年终了时都应进行总复习和成绩的考查"[2]。

依据路径依赖分析法,以小学数学为例,将我国数学双基教学评价之演进视为一条路径,不难发现,自春秋战国起,该路径一直强调"通过考试和分数对学生进行甄别和评价"。尽管洋务运动时期开设了新式学堂,1906 年废止了科举制,20 世纪 20 年代学习美国掀起了测验改革运动,1952 年学习了苏联教学大纲等,考试方式、类型等发生一些变化,但是不容置疑的是,在路径依赖性影响下,该路径一直强调"通过考试和分数进行评价"。

1952 年教学大纲中关于复习考查部分的内容看上去是在"模仿"苏联教学大纲,但是,从历史的角度看,该大纲"重视考试和分数"的教学评价却有着悠久的中国文化和历史传统,显然不是"新生事物",而是数学双基教学评价"路径依赖"的产物。

综上所述,从双基教学目的、教学内容、师生观、教学方法和教学评价等方面进行剖析,研究表明:我国数学双基教学是中国土生土长的,自春秋汉代开始形成数学双基教学思想,隋唐时期双基教学系统初具规模,而制度层面首次提出"双基"概念应在 1942 年。当然,本研究并不否认 1950 年苏联教学大纲的借鉴意义。

二、"三维目标"的争鸣

2004 年《四川教育》刊登了《三维目标只是提法创新?》一文(见图 8.9),该文犀利地指出三维目标理论层面的进步意义,以及实践层面的尴尬处境,由此三维目标的争鸣揭开序幕。尤其是在关于新旧理念的讨论中,出现了两种截然相反的观点:一种观点认为"三维目标"并没有实质性创新,只是"传统目标"的"翻版";[3]另一种观点则认为"三维目标"是一种创新。为什么出现这样两种截然不同的观点? 路径依赖理论可以提供合理解释的依据。

---

[1] 王权.中国小学数学教学史[M].济南:山东教育出版社,1995:243.
[2] 课程教材研究所.20 世纪中国中小学课程标准、教学大纲汇编(数学卷)[G].北京:人民教育出版社,2001:55.
[3] 李鹏程,罗兵,张燕.对三维目标提法的疑惑[J].四川教育,2004(Z1):62.

三维目标只是提法创新？

新"课标"中提出的课堂教学的"三维目标"，老师们都说好，提法多具现代特色呀，但和我们原来的教学目标有何区别？

先说"知识与技能"。过去就是这样提，也是这样做，更何况"升学"的压力，我们比谁都重视"双基"。因为考试重点就考"双基"，上边评价你就是你教的学生有多少考上重点高中、重点大学，你说"知识与技能"目标贯彻得还不好，还须加强？

至于"过程与方法"，原来说"激发学生兴趣，自然引入新课"，现在提"创设问题情景"；原来说新课教学采用"启发式教学"，现在提"探究新知"；原来说"积极思考，勤动手，勤动脑"，现在提"经历体验"；原来说"变式训练"，现在提"应用与拓展"……过去的课堂本来就够讲究过程与方法的了，现在的提法是不是"翻版"和"换汤不换药"？

再说"情感态度与价值观"，这本来就是我党教育方针长期坚持的育人方略（承认被一些人所忽视）。在教学中，我们坚持晓之以理，动之以情，感染激发学生的学习热情，这不是情感？至于态度，就更是我们的经验之谈，严格要求，端正学习态度（不要说课堂纪律，就连书写不工整也得重写）；是搞好学习的重要保证嘛；至于价值观就更不用说了，从学生进入初一的第一天起，就要求他们树立远大的理想和抱负，要考上重点高中、重点名牌大学，天天教育他们学好本领，报效祖国，这不是培养学生的价值观？

综上所述，在大谈创新教育的今天，创新是灵魂，创新是时代的需要，所谓"三维目标"，就是顺应了时代的要求，对"传统教学目标"提法的"创新"。☺

（李鹏程　罗兵）

（三维目标只是提法创新，这是本文作者的观点。有部分教师亦持有相同看法。正因为有教师"声音"的存在，我们才确定了"三维目标"作为本期专题的话题。对"三维目标"的认识，有一个学习理解的过程。有不同的认识，正是促使我们学习、研究和实施的动力。

——编者）

图 8.9　关于三维目标的争鸣

（一）路径依赖影响"三维目标"

关于"三维目标"争鸣的一种观点认为："三维目标"并没有实质性创新，只是"传统目标"的"翻版"。确实，"三维目标"在实践中处于尴尬境地，如"知识与技能"目标的僵化，"过程与方法"目标的形式主义，"情感态度与价值观"目标的标签化等；又如张悦群查阅 100 位中学语文教师 1000 多课时的教案后发现很多是"挂羊头，卖狗肉"，即教学目标中"知识与能力""过程与方法""情感态度与价值观"写得清清楚楚，但具体内容对不上号，只是"贴标签"而已。[①]

"三维目标"强调"知识与技能""过程与方法""情感态度与价值观"三个维度目标本是一个有机整体，不可分割。然而，为什么实践中很多教师只注重知识与技能的获得，无暇顾及其他两维目标？原因有很多，其中最关键的一个原因是路径依赖的影响。

"路径依赖"这个概念最早由生物学家提出[②]，指的是系统一旦进入某个路径，就会在"惯性"（路径依赖性）作用下不断自我强化，对该路径产生依赖。[③] 人们过去的选择决定了他们现在可能的选择，系统一旦进入某一路径，就可能对该路径产生依赖。"路径依赖"被总结出来后，人们把它普遍应用在各个领域。

---

① 张悦群.三维目标尴尬处境的归因探析[J].江苏教育研究,2009(1):31.

② 尹贻梅,刘志高,刘卫东.路径依赖理论研究进展评析[J].外国经济与管理,2011(8):1—7.

③ 尹贻梅,刘志高,刘卫东.路径依赖理论研究进展评析[J].外国经济与管理,2011(8):1—7.

在某种程度上,人们的选择会受到路径依赖的影响,同时也意味着路径改变是困难的,因为路径依赖会起到一定的阻碍作用。

我国数学双基教学是历史发展的产物,是中国传统文化选择的结果,重视"基础性、实用性和掌握性"的双基教学思想自形成后就一直影响着我国小学数学教学,数学教学实践也一直重视基础知识和基本技能的掌握。这种双基教学系统存在"惯性"(路径依赖性),轻易不容易发生改变,因而在课程改革中阻碍了"三维目标"的实施,使之成为"传统目标"的"翻版"。值得一提的是,任何改革在初期都举步维艰,其中最关键的原因均是路径依赖的存在。

(二)"三维目标"体现路径突破

关于"三维目标"争鸣的另一种观点认为:"三维目标"是一种创新,该观点实则体现了路径依赖的发展——"路径创造"。现代路径依赖理论认为:事物发展存在路径依赖的同时,往往有着路径突破和路径创造的可能性。[①] Kemp 等人总结了三种不同的路径创造:一是通过"蛮横力量"来构造路径,也就是设计全新的系统来构造理想路径;二是通过运用奖励和惩罚等手段来影响原有路径发展,使路径更具有吸引力和可行性;三是通过共同演化的过程来调整路径并推动其发展成为理想路径。[②]

我国数学教学"三维目标"即"知识与技能、过程与方法、情感态度与价值观"等三个维度目标。其中"知识与技能"目标强调学生基础知识和基本技能的掌握,即"双基";"过程与方法"目标重视学生学习过程和方法;而"情感态度与价值观"目标则关注学生人格的完善。从形式上看,三维目标比传统目标更"立体"。"双基"教学更多关注"基础知识和基本技能的掌握",是"一维"视角;而"三维目标"不仅关注"知识与技能",还关注"过程与方法"和"情感态度与价值观",是"三维"视角。从内容上看,三维目标蕴含了"人的发展"。从"一维"拓展为"三维",不仅使目标视域更广,而且凸显了新的改革意图,即关注"人的发展"[③],强调探究能力和创新精神的培养,而不仅仅是"学科知识技能的掌握"。

不难发现,我国数学教学"三维目标"的实施更多地体现为第三种路径创造,即在传统数学教学基础上进行路径调整,有意创造新的路径分支(所谓"路径偏离")。从"一维"目标发展为"三维"目标,超越了传统"以知识为本"的目标

① 时晓虹,耿刚德,李怀."路径依赖"理论新解[J].经济学家,2014(6):53—64.

② Kemp R, Rip A, Schot J. Constructing Transition Paths through the Management of Niches [C]//Path Dependence and Creation. Mahwah:Lawrence Erlbaum Associates Publishers,2001:269—299.

③ 杨九俊.新课程三维目标:理解与落实[J].教育研究,2008(9):40—46.

体系,构建出"以人为本"的目标体系[①],然后依照主体意愿控制路径偏离的发展方向,在"双基"基础上创造我国数学教学新路径。

　　综上所述,"三维目标"一方面受到"双基教学"路径依赖的影响,成为"传统目标"的"翻版";另一方面与时俱进,基于"双基教学"进行路径调整,体现出路径突破与创新。在新时代背景下,我国数学教育研究者和实践者应形成客观对待双基教学的理性态度:一方面应看到双基教学发展具有路径依赖性,不能完全脱离双基教学进行课程和教学改革;另一方面,也应看到双基教学具有路径突破和创造的可能性,在知识经济时代,应自信主动地基于双基教学发展并创新中国特色数学教学道路。

---

① 　陶本一.学科教育学[M].北京:人民教育出版社,2002:105.

第九章　研究结论、讨论与建议

　　本章共三节,第一节是研究结论,主要对绪论部分提出的研究问题进行回应和总结;第二节是讨论,指出双基教学是我国历史发展的产物,要客观认清双基教学发展的规律性,并对新时代背景下我国数学教学的发展趋势作出合理预测;第三节是建议,提出当前数学教学改革应注重双基教学优良传统的继承和超越,并且从"课程建设"和"教学实践"两方面给出相应建议。

第一节　结　论

　　马克思认为:"人们自己创造自己的历史,但是他们并不是随心所欲地创造,并不是在他们自己选定的条件下创造,而是在直接碰到的、既定的、从过去承继下来的条件下创造。"[①]中国数学双基教学之形成亦如此,它并非某个时期随心所欲创造出来的,而是特定的中国历史文化传统在数学教学领域的必然产物。

一、春秋汉代注重"正名"和"术"的传统数学教学思想的形成标志着双基教学思想的萌芽

　　我国数学双基教学思想之形成建立在"数学双基思想"和"中国传统教学思想"耦合的基础上。"数学双基思想"的形成并不是一蹴而就的,在中国传统这块深厚的土壤上,其形成过程缓慢而具有"惯性"(路径依赖性)。"数学双基思想"中对于基础知识和基本技能的重视也不完全同时。

　　中国传统数学教学对"基础知识"的重视由来已久,从出土的甲骨卜辞中可见,商代就有数学基础知识"十进制",《中国科学技术史》数学卷中,李约瑟曾说过:"商代的数字系统(十进位制)比古巴比伦和古埃及同一时代的字体(数字系

----

　　①　中共中央马克思恩格斯列宁斯大林著作编译局.马克思恩格斯选集(第一卷)[M].北京:人民出版社,1995:585.

统)更为先进、更为科学。"①数学基础知识中概念知识的正式提出则源于春秋战国时期正名理论的提出,"名"即名称、概念②,"正名"就是"使概念名副其实"。代表人物墨子提出一系列数学基本概念,有涉及数的领域,也有涉及形的领域。正名理论提及的这些数学基本概念标志着中国"数学双基"重视"数学基础知识"思想的形成。这些概念既是数学领域的基本概念,为以后继续深入学习数学所必须,也是当时实际生活中经常用到的基础知识,具有基础性。

中国传统数学教学一直重视"术",即算法的教学。从"双基"的角度解读,重视算法实则重视数学基本技能,当然也不排除部分基础知识。重视"术"的教学关注基础性和实用性,重视与生活相关的数学实际问题的解决,培养学生数学基本技能。被尊为算经之首的《九章算术》以文本的形式记载了中国传统数学对于"术"的重视,标志着中国数学双基教学之重视"数学基本技能"思想的形成。

"中国传统教学思想"的形成源自春秋战国时期,《论语》和《学记》中记载了大量我国传统教学思想。在传统考试文化影响下,传统教学理念强调循序渐进地启发诱导学生,教学过程中重视练习和掌握巩固,并且提倡勤奋苦学。不难发现,重视"掌握性"是中国传统教学思想的核心。

纵观我国古代传统数学:春秋战国讲究"正名"的数学教学思想为我国数学重视基础知识和数学概念教学奠定基础;《九章算术》中对于"术"的重视,标志着我国数学重视基本技能思想的形成;重视数学基础知识和基本技能思想的形成即意味着"数学双基思想"的形成。在我国"传统教学思想"影响下,"数学双基思想"和"传统教学思想"互相促进,彼此融合,形成了重视"基础性""实用性"和"掌握性"的数学双基教学思想。

此外,值得一提的是,双基教学思想还与我国古代思维方式和数学传统密切相关。中国古代思维方式是一种经验性思维方式,体现为社会、实用、经验的三位一体,可用于社会治理。③ 在这种思维方式的影响下,以《九章算术》为代表的中国古代数学遵循机械化思想,形成算法体系。在古代思维方式和数学传统的浸润下,重视"基础性""实用性""掌握性"的数学双基教学思想得以酝酿。

二、隋唐时期"明数造术,详明术理"算学教学体系的建立标志着双基教学体系的创立

隋唐时期,数学专科学校——算学设立,开创了人类历史上由政府设立数

---

① 　[英]李约瑟.中国科技术史(第三卷数学)[M].《中国科技术史》翻译小组译.北京:科学出版社,1978:29.

② 　杨树森.孔子"正名"思想的提出及其对中国古代逻辑的影响[J].学术论坛,1994(5):72.

③ 　陈声柏.先秦名学与亚里士多德的范畴[J].兰州大学学报,2003(2):73—77.

学专科学校的先河,标志着中国古代数学专门化程度的进一步提高。算学的设立不但使数学教学成为一个独立系统,而且也为数学教学的发展提供了良好的环境条件。伴随着算学教学师生观、教学目的、教学内容、教学方法和教学评价等系统要素的产生和发展,我国数学双基教学体系开始形成。

从教学活动主体要素看,隋唐时期的算学有专门的教师——算学博士和助教,也有专门的学生,遵循尊师重教的传统,算学学生拜师须行"束修之礼"并奉赠一定的物品以示尊重教师,形成数学双基教学"教师权威性"的师生观。从教学目标来看,唐代提出"明数造术,详明术理"的教学要求:"明数造术"就是掌握数学的基本概念和基本技能;"详明术理"就是理解"术"(即算法)的原理和用法。该教学要求旨在培养具有数学基础知识和基本技能的"学以致用"的实用型数学专门人才,体现了数学双基教学目的维度的要求。从教学内容来看,注重基础性、实用性的数学内容,唐代国家颁行的教科书《算经十书》以问题集形式呈现,大多是离散式的算问结构,编排上以"术"(即算法)的应用范围为章,每一种"术"由归纳法推及而来。这种结构知识点相对独立,"术"之间的联系并不紧密,使学生在学习时注重对每个"术"基本概念和基本技能的掌握,重视基础性;并且,《算经十书》中涉及的问题均有现实生活、生产背景,而非纯粹数字或符号的演算,呈现出鲜明的实用性。从教学方法来看,重视讲经诵经、自学辅导,引导学生记忆、理解和背诵。从教学评价来看,国子监算学考试和"明算科"通过频繁考试敦促学生记住所学内容,强调以考促学,注重考试和分数。这种考试评价的方式与中国数学双基教学重视"掌握性"思想有着千丝万缕的联系,对数学双基教学评价的形成有着很大影响。由此可见,隋唐时期的数学教学重视基础性、实用性和掌握性,与中国数学双基教学思想一脉相承。在系统各要素的发展和作用下,隋唐时期数学双基教学体系开始形成,并且在宋元时期不断发展完善。

三、1952 年教学大纲"基本数学知识、技能"的提出标志着双基教学制度的成型

中国近代第一个由政府颁布并实施的学校教育制度是 1904 年的《奏定学堂章程》,教育阶段与数学相关的制度主要集中在《奏定初等/高等小学堂章程》,该章程尽管没有直接以文字的方式提出"双基",但教学目的、教学内容、教学进度和教学方法等方面从本质上呈现出中国数学双基教学的特征,有着鲜明的中国数学教学传统。"壬戌学制"颁布后,1923 年俞子夷拟定《小学算术科课程纲要》,该纲要提及教学"限度",即教学最低标准,为中国数学双基教学中的"基础"两字找到了历史依据,凸显出当时数学教学对于基础知识和基本技能的

重视。1929 年的《小学算术课程暂行标准》从制度层面首次提出知识、技能和思维三个维度的数学教学目标,尤其是"知识"和"技能"维度的区分为数学双基教学之"双"的形成奠定了基础。1942 年颁布的《小学课程修订标准》首次从制度层面提出注重"基础知识技能"的目标。1952 年《小学算术教学大纲(草案)》对小学五年数学教学的"基础知识和基本技能"作了清晰描述,这是中国数学教学制度层面首次规定小学数学"双基"范畴。

不难发现,中国数学双基教学制度的形成是一个水到渠成的过程。自 1923 年制度层面提及教学"限度",即教学最低标准,形成数学双基教学之"基";1929 年制度层面首次区分知识、技能两个维度,形成数学双基教学之"双";1942 年制度层面首次出现关键词"基础知识技能",把"双"和"基"联系在一起;至 1952 年制度层面首次规定小学数学"基础知识和基本技能"范畴,标志着中国数学双基教学制度层面上的正式形成。从此,中国数学双基教学理论进入发展期并不断成熟。

四、21 世纪初数学教学"三维目标""四基"和"核心素养"的提出标志着双基教学的创新

21 世纪是知识经济时代,以知识创新和应用为主要特征,社会需要的人才规格发生巨大变化,创新型人才的培养成为国家最重要的战略资源。与此同时,我国应试教育日益加剧,唯分数论思潮影响深远,使得"双基教学"出现"异化"现象。在这种"内外因素"影响下,我国数学双基教学与时俱进,不断发展,并且出现突破和创新。

2001 年《全日制义务教育数学课程标准(实验稿)》强调"三维目标",即"知识与技能、过程与方法、情感态度与价值观"等三个维度目标,从"双基"到"三维目标"是我国数学教学的一种突破,试图改变传统"以知识为本"的目标体系,构建出"以人为本"的目标体系。

2011 年《义务教育数学课程标准(2011 年版)》明确提出"四基",指出通过义务教育阶段的数学学习,使学生获得适应社会生活和进一步发展所必需的数学的基础知识、基本技能、基本思想、基本活动经验。从"双基"到"四基"是一种拓延,我国传统重视基础知识和基本技能的"双基"教学,重视学生知识掌握,却难培养新时代所需的创新型人才;而拓展的"两基",即重视基本思想和基本活动经验的主旨就是培养创新型人才。

我国自 2014 年起掀起新一轮课程改革,发展学生核心素养,落实立德树人是这轮课程改革的根本任务。史宁中提出"三会"揭示数学核心素养的本质,即会用数学的眼光观察现实世界,会用数学的思维思考现实世界,以及会用数学

的语言表达现实世界。从"双基"到"核心素养"是一种超越,进一步体现了"以知识为本"到"以人为本"的转变。"双基"重视基础知识和基本技能的掌握,主要从学科视角来体现教学内容和要求,它是外在的;而"核心素养"则从人的视角来体现课程内容和要求,它是内在的。

从"双基"到"三维目标",到"四基",到"核心素养",我国数学双基教学的内涵和外延得以不断拓展和深化,但都与"双基"密切相关,"三维目标"的根扎在"双基"中,"四基"的内核是"双基","核心素养"的基础层是"双基层"……不难发现,我国数学课程和教学改革是在"双基教学"基础上的发展、突破和创新。

第二节　讨　论

本研究关注我国数学双基教学历史研究的直接缘由是试图澄清我国数学双基教学形成的时间和背景,讨论部分将对此作出明确回应:我国数学双基教学是历史发展的产物,在此基础上,进一步讨论双基教学发展的规律性,对新时代背景下我国数学教学的发展趋势作出合理预测,形成对待数学双基教学之正确态度,树立我国数学双基教学之民族自信。

一、我国数学双基教学是历史发展的产物

"每一个文化都有它独特的一组文化行为,它们总是以一种只有该文化特有的脉络相互关联着。"[1]数学双基教学亦有一组相关的文化脉络,主要有三:其一,传统"社会本位"的价值取向对我国数学双基教学思想及其体系的形成有着重要影响;其二,传统精耕农业背景下,双基教学内容重视"基础性"和"实用性",教学方法强调勤奋苦学;其三,在传统文化路向影响下,双基教学"以意欲自为调和、持中为根本精神",重视"和谐与统一",有着"静态感"和强烈的"掌握性"特征。这组文化脉络在数学双基教学整个历史发展过程中呈现出"稳定"形态[2],影响着数学双基教学的发展路径。张奠宙指出:"中国数学双基教学的形成绝非偶然,它是几千年来中华文明发展的必然结果。"[3]

纵观我国数学教学史,春秋战国时期讲究"正名"教学,为数学双基教学之"重视基础知识"思想打下基础。汉代强调"术"的教学,为数学双基教学之"重

---

① 孙隆基.中国文化的深层结构[M].北京:中信出版社,2015:9.
② 孙隆基.中国文化的深层结构[M].北京:中信出版社,2015:9.
③ 张奠宙.中国数学双基教学[C].上海:上海教育出版社,2006:200.

视基本技能"思想奠定基础,此后,重视基础知识和基本技能的数学双基教学思想出现萌芽并呈现出重视"基础性""实用性"和"掌握性"的核心特征,该特征对数学双基教学之后的发展产生深厚影响。隋唐时期重视"明数造术,详明术理"的算学教学体系初步形成,该系统包括算学教学师生观、教学目的、教学内容、教学方法和教学评价等要素,该系统的形成意味着我国数学双基教学体系的创立,为近现代数学双基教学制度建设奠定了基础。1904年,清政府实施《奏定学堂章程》,即"癸卯学制",该学制是我国近代第一个由政府颁布并实施的学校教育制度;1923年,制度层面提及教学"限度",即教学最低标准,形成数学双基教学之"基";1929年,制度层面首次区分知识、技能维度,形成数学双基教学之"双";1942年,制度层面首次出现关键词"基础知识技能",把"双"和"基"联系在一起;1952年,制度层面首次规定数学"基础知识和基本技能"范畴,标志着我国数学双基教学制度层面的正式形成。制度的成型意味着我国数学双基教学进入稳定阶段。

如上所述,自春秋汉代开始形成数学双基教学思想,隋唐时期双基教学系统初具规模,1952年制度层面首次规定数学"基础知识和基本技能"范畴,标志着我国小学数学双基教学制度层面的正式形成。研究表明:我国数学双基教学是土生土长的,是我国历史发展的产物,并不是1952年学习苏联教育理论和教学大纲后才开始形成的。

二、"四基""核心素养"是双基教学基础上的创新

21世纪是知识经济时代,知识成为重要的生产要素,对经济增长的贡献率显著提高,明显超过其他生产要素贡献率之总和。在这样的时代背景下,国际竞争聚焦于创新型人才竞争,而创新型人才培养关键在于教育,尤其是基础教育,各个国家均在反思本国教育的基础上进行改革,我国也试图通过"课程改革"实现新时代创新型人才培养目标。一方面由于知识经济时代的到来,社会需要的人才规格发生巨大变化;另一方面传统应试教育的加剧,唯分数论思潮的影响使得双基教学出现"异化"[①]。在这样的新时代背景下,我国小学数学双基教学与时俱进,不断发展,并且出现突破和创新。

2001年《全日制义务教育数学课程标准(实验稿)》强调"三维目标",即"知识与技能、过程与方法、情感态度与价值观"等三个维度目标,从"双基"到"三维目标"是我国小学数学教学的一种突破,试图改变传统"以知识为本"的目标体系,构建出"以人为本"的目标体系。

---

① 朱黎生,沈南山,宋乃庆.数学课程标准"双基"内涵延拓的教育思考[J].课程・教材・教法,2012(5):41—45.

2011 年《义务教育数学课程标准（2011 年版）》明确提出"四基"，指出通过义务教育阶段的数学学习，使学生获得适应社会生活和进一步发展所必需的数学的基础知识、基本技能、基本思想、基本活动经验。从"双基"到"四基"是一种拓延，我国传统重视基础知识和基本技能的"双基"教学，重视学生知识掌握，却难培养新时代所需的创新型人才；而拓展的"两基"，即重视基本思想和基本活动经验的主旨就是培养创新型人才。

我国自 2014 年起掀起新一轮课程改革，发展学生核心素养，落实立德树人是这轮课程改革的根本任务。史宁中提出"三会"揭示数学核心素养的本质，即会用数学的眼光观察现实世界，会用数学的思维思考现实世界，以及会用数学的语言表达现实世界。从"双基"到"核心素养"是一种超越，进一步体现了"以知识为本"到"以人为本"的转变。"双基"重视基础知识和基本技能的掌握，主要从学科视角来体现教学内容和要求，它是外在的；而"核心素养"则从人的视角来体现课程内容和要求，它是内在的。

从"双基"到"三维目标"，到"四基"，到"核心素养"，我国数学双基教学的内涵和外延得以不断拓展和深化，但都与"双基"密切相关，"三维目标"的根扎在"双基"中，"四基"的内核是"双基"，"核心素养"的基础层是"双基层"……不难发现，我国数学课程和教学改革是在"双基教学"基础上的发展、突破和创新。

三、双基教学的发展是路径依赖影响下的动态变迁过程

我国数学双基教学的演进过程是数学教学历史变迁的动态过程，一方面，具有明显的"惯性"（路径依赖性），呈现出一种相对的路径"稳定"状态。"稳定"状态是指双基教学系统各要素和整个系统在演进过程中呈现出一些"特有的""不易改变的"现象，使得双基教学系统保持自身独有特征，按一定路径演进，轻易不发生改变，处于一种相对稳定的状态。在我国传统文化影响下，双基教学系统在中国这块历史悠久且文明深厚的土壤中酝酿、萌生并发展，整体结构上稳定于一条重视"基础性""实用性""掌握性"的中国特色数学教学之路径。在该路径影响下，双基教学系统各要素逐渐分化出来，走上各自不同的路径并形成相对稳定的路径。如数学双基教学整个系统稳定于"基础性""实用性"：反映在教学目的上稳定于"培养学以致用的掌握双基的数学实用人才"；反映在教学内容上稳定于"基础性和实用性的教学内容"。又如数学双基教学整个系统稳定于"掌握性"：反映在师生观上稳定于"教师权威性"，通过传道授业解惑让学生掌握知识技能；反映在教学方法上稳定于"通过练习巩固掌握所学知识"；反映在教学评价上稳定于"通过考试和分数进行甄别"；等等。同时，双基系统各

要素之"路径稳定"亦强化了整体结构之稳定状态。

另一方面,因受社会经济文化背景的影响,不同历史时期又呈现出一些不同的"变化"。现代路径依赖理论认为:事物发展存在路径依赖的同时,往往有着路径突破和路径创造的可能性。[①] Kemp 等人总结了三种不同的路径创造:一是通过"蛮横力量"来构造路径,也就是设计全新系统来构造理想路径;二是通过运用奖励和惩罚等手段来影响原有路径发展,使路径更具有吸引力和可行性;三是通过共同演化的过程来调整路径并推动其发展成为理想路径。[②] 我国数学双基教学发展体现为第三种路径创造,即在传统数学教学基础上进行路径调整,有意创造新的路径分支(所谓"路径偏离"),然后依照主体意愿控制路径偏离的发展方向,在原有路径基础上进行路径创造,如新时代背景下我国数学双基教学的创新。21 世纪是知识经济时代,国际竞争聚焦于创新型人才竞争,而我国传统数学双基教学又出现"异化"现象,在这样的背景下,我国致力于通过"课程改革"实现双基教学的路径调整。2001 年《全日制义务教育数学课程标准(实验稿)》强调"三维目标",2011 年《义务教育数学课程标准(2011 年版)》正式提出重视"四基",2014 年开始为了落实"立德树人"的根本任务,提出加强"核心素养"的培养……从"双基"到"三维目标",到"四基",到"核心素养",我国数学双基教学的内涵和外延得以不断拓展和深化,双基教学正在发生一些"变化"。

在新时代背景下,我国数学教育研究者和实践者应形成客观对待双基教学的理性态度,认清双基教学演进过程是一个历史变迁的动态过程。一方面应看到双基教学发展具有路径依赖性,不能完全脱离双基教学进行课程和教学改革;另一方面,也应看到双基教学具有路径突破和创造的可能性,在知识经济时代,应积极主动地基于双基教学发展并创新中国特色数学教学道路。

第三节　建　议

在知识经济时代,国际竞争聚焦于创新型人才竞争,而创新型人才培养的关键在于教育,尤其是基础教育,各个国家均在反思本国教育基础上进行改革,我国数学教学领域亦正在努力。那么,新时代背景下"双基教学"还需要吗? 数

---

① 时晓虹,耿刚德,李怀."路径依赖"理论新解[J].经济学家,2014(6):53—64.

② Kemp R, Rip A, Schot J. Constructing Transition Paths through the Management of Niches [C]//Path Dependence and Creation. Mahwah: Lawrence Erlbaum Associates Publishers,2001:269—299.

学课程改革应注意什么？数学教学实践应如何落实？本研究基于前文梳理和分析，为我国数学教育研究者和实践者提供以下三个建议。

一、数学教学应注重双基教学优良传统的继承和超越

2015 年张奠宙在《建设中国特色数学教育学的心路历程》中提到："进入 21 世纪之后，我参与了新课程改革。这次课改取得了很多成绩，在数学教学内容现代化方面的许多重大改革，如对概率统计、向量几何、微积分、算法等的处理，极为重要，影响深远。至于'自主、探究、合作'教育理念的提倡，也有积极意义。然而，为了实现'触及问题的改革才是真改革'的预想，此次改革没有采取'继承优良传统、扬弃旧有积弊'的方针，而是把此前的教育传统定位为教师中心、学科中心、知识本位、目中无人、机械记忆等，没有任何肯定。这些见解和我国数学教育享有的国际声誉相抵触。"①此处张奠宙对没有"继承优良传统"深表遗憾，也对"触及问题的改革才是真改革"持保留态度。研究者认为"触及问题的改革才是真改革"实际上是一种将我国传统数学教学"孤立化"或"断裂化"的视角，并没有将我国数学双基教学放在历史的、国际的视角中，没有用"历史的眼光"看待双基教学的动态变迁过程。

"历史的眼光"从哲学层面上来讲，就是唯物辩证的眼光。辩证唯物主义要求人们从普遍联系和永恒发展中认识和把握事物。历史由无数事件和人物组成，对于这些事件和人物不能用孤立、静止、片面的眼光来看待，而必须将其放到历史发展的长河中去考察，放到具体的历史背景、历史条件中去分析，这样才能看得更全面、更准确、更深入。②历史的眼光注重用历史的、国际的视角看待事物。

数学教育研究者和实践者应该用"历史的眼光"看待"双基教学"，形成对待数学双基教学之正确态度，指导当前我国数学教学实践。首先，应看到双基教学是我国传统数学教学的特色和优势，有其悠久的历史，当前数学教学不应全盘否定"双基教学"，而应理性继承双基教学的优良传统。其次，应注意到传统双基教学出现了一些"异化"现象，新时代背景下，数学教学改革应积极发展并超越双基教学，走出一条"基于双基且超越双基"的有中国特色的数学教学新道路。最后，要适当借鉴他国数学教学之积极经验，并使之中国化、本土化。许倬云在《中国古代文化的特质》中指出："外来文化也未能完全征服中国的思想领域，外来思想仍配合中国思想同步发展。"③这意味着中国文化很强大，一旦外来

① 张奠宙.建设中国特色数学教育学的心路历程[J].中国教育科学,2015(4):8.
② 苏世隆.何谓历史眼光[N].人民日报,2009—06—01.
③ 许倬云.中国古代文化的特质[M].厦门:海峡出版发行集团·鹭江出版社,2016:66.

文化进入中国,实则"中国化"了。数学双基教学领域亦然,数学双基教学系统及其要素实则处于一种路径"稳定"状态,并不是想改变就能轻易改变的,尤其是一些强型路径依赖,改变起来就更加困难。比如张奠宙先生前面提及的这段话中"教师中心"即"教师权威性",是一种强型路径依赖,受中国传统文化社会价值取向影响,很难轻易改变。在"教师中心"的影响下,中国课堂的"自主、探究、合作"有着"本土化"特征,与西方课堂也会有着本质性的差异,这就是所谓的"外来思想仍配合着中国思想同步发展"。

总之,我国数学教育研究者和实践者应深入了解我国数学双基教学的"来龙去脉",形成客观理性对待数学双基教学的正确态度:一方面继承我国数学双基教学中某些优良传统;另一方面应该与时俱进,适当借鉴他国先进经验,超越我国数学双基中某些陈旧作法,探寻当前中国特色数学课程建设和教学实践新思路,创新数学教学新路径。

二、数学课程建设应基于"双基"并发展"四基""核心素养"

21世纪是知识经济时代,国际竞争聚焦于创新型人才竞争,而我国传统数学双基教学又出现"异化"现象,在这样的背景下,我国致力于通过"课程改革"推进传统双基教学的发展和创新。2001年《全日制义务教育数学课程标准(实验稿)》强调"三维目标",2011年《义务教育数学课程标准(2011年版)》正式提出重视"四基",2014年开始为了落实"立德树人"的根本任务,提出加强"核心素养"的培养……从"双基"到"三维目标""四基""核心素养"体现了"以知识为本"到"以人为本"教育理念的突破,强调从关注学生的"学习结果"转而重视"学习过程",明确了学生所应具备的数学素养,凸显了新时代创新型人才的培养宗旨。

在新时代社会经济文化背景下,数学课程建设应在吸收传统双基教学"精华"的基础上,重新审视课程目标、课程内容、课程实施、课程评价并进行"路径创造",形成中国特色数学教学新道路。如课程目标应在"双基"的基础上,重视学生数学核心素养的培养;课程内容应拓展"双基"并增加一些新时代背景下与时俱进的"新元素";课程实施应在"双基"的基础上,重视数学基本活动经验的积累和数学思想方法的形成;课程评价应构建一套围绕核心素养的评价体系,统一评价标准、建立评价指标、提高评价技术等。

三、数学教学实践应重视学生深度学习

深度学习是一种基于理解的学习,是指"学习者以高阶思维的发展和实际问题的解决为目标,以整合的知识为内容,积极主动地、批判性地学习新的知识

和思想并将它们融入原有的认知结构中,并且能将已有的知识迁移到新的情境中的一种学习"[1]。数学深度学习是指以数学学科的核心内容为载体,以提升学生的综合素养为目标,整体分析与理解相关内容本质,提炼深度探究的目标与主题,了解学生学习特定内容的状况,通过精心设计问题情境,引发学生的认知冲突,组织学生全身心参与学习活动,围绕具有挑战性的学习主题深度探究,使学生体验成功、获得发展的有意义的学习过程。[2]

当前数学教学实践应在双基教学基础上,重视学生深度学习。不难发现,深度学习并不排斥"双基",而是建立在"双基"的基础上。我国数学双基教学重视掌握性,通过记忆、练习巩固掌握所学知识,强调"技巧性"和"熟练性";而深度学习并不仅仅停留在简单的"巩固掌握"和"技巧训练"上,它强调"掌握"的过程及程度,即通过提炼合适主题,创设问题情境,引发学生的认知冲突,组织学生围绕有挑战性的任务深度探究,从而提高学生发现问题、解决问题的能力,培养学生的高阶思维和数学核心素养,以满足新时代对创新型人才的需求。

① 安富海.促进深度学习的课堂教学策略研究[J].课程·教材·教法,2014(11).
② 马云鹏.深度学习的理解与实践模式——以小学数学学科为例[J].课程·教材·教法,2017(4):60—67.

参考文献

一、中文文献

[1] ［奥］L.贝塔兰菲.一般系统论［M］.秋同,袁嘉新,译.北京:社会科学文献出版社,1987:27.

[2] ［古罗马］昆体良.昆体良教育论著选［M］.任钟印,译.北京:人民教育出版社,1989.

[3] ［古希腊］柏拉图.理想国［M］.郭斌和,张竹明,译.北京:商务印书馆,2012.

[4] ［古希腊］欧几里得.几何原本［M］.燕晓东,译.南京:江苏人民出版社,2011:译者序－533.

[5] ［古希腊］亚里士多德.范畴篇·解释篇［M］.方书春,译.上海:上海三联书店,2011.

[6] ［古希腊］亚里士多德.形而上学［M］.吴寿彭,译.北京:商务印书馆,1959:982b14－24.

[7] ［美］L.W.安德森,L.A.索斯尼克.布卢姆教育目标分类学40年的回顾［M］.谭晓玉,袁文辉,译.上海:华东师范大学出版社,1998.

[8] ［美］L.W.安德森.学习、教学和评估的分类学［M］.皮连生,译.上海:华东师范大学出版社,2008.

[9] ［美］Matthew B. Miles, A. Michael Huberman.质性资料的分析:方法与实践［M］.张芬芬,译.重庆:重庆大学出版社,2008.

[10] ［美］道格拉斯·诺思.制度变迁理论纲要［J］.改革,1995(3):56.

[11] ［美］道格拉斯·诺思.经济史中的结构与变迁［M］.陈郁,罗华平,译.上海:上海人民出版社,1994:225－226.

[12] ［美］道格拉斯·诺思.理解经济变迁过程［M］.钟正生,邢华,高东明,等译.北京:中国人民大学出版社,2013:48－49.

[13] ［美］道格拉斯·诺思.制度、制度变迁与经济绩效［M］.杭行,译.上海:格致出版社·上海三联书店·上海人民出版社,2014:12.

[14] [美]罗伯特·J.马扎诺,约翰·S.肯德尔.教育目标的新分类学[M].高凌飚,吴有昌,苏峻,译.北京:教育科学出版社,2012.

[15] [美]洛林·W.安德森.布卢姆教育目标分类学修订版:分类学视野下的学与教及其测评(完整版)[M].蒋小平,张琴美,罗晶晶,译.北京:外语教学与研究出版社,2009.

[16] [美]乔伊斯·P.高尔,M.D.高尔,沃尔特·R.博格.教育研究方法实用指南[M].5版.屈书杰,郭书彩,胡秀国,译.北京:北京大学出版社,2007:394.

[17] [美]舒尔茨.制度与人的经济价值的不断提高[C]//[美]科斯,阿尔钦,诺思.财产权利与制度变迁:产权学派与新制度学派译文集.刘守英,等译.上海:上海人民出版社,1994:253.

[18] [美]许倬云.汉代农业:早期中国农业经济的形成[M].程农,张鸣,译.南京:江苏人民出版社,2012:1—148.

[19] [挪]希尔贝克,伊耶.西方哲学史(上、下)[M].童世俊,郁振华,刘进,译.上海:上海译文出版社,2012:57.

[20] [日]青木昌彦.比较制度分析[M].周黎安,译.上海:上海远东出版社,2001:28—29.

[21] [日]青木昌彦.什么是制度?我们如何理解制度[C]//孙宽平,译.转轨、规制与制度选择.北京:社会科学文献出版社,2004:52.

[22] [苏]达尼洛夫,叶希波夫.教学论[M].北师大外语系,译.北京:人民教育出版社,1981:63.

[23] [英]阿诺德·汤因比,D.C.萨默维尔.历史研究(上、下卷)[M].郭小凌,王皖强,杜庭广,等译.上海:上海人民出版社,2010.

[24] [英]李约瑟.中国科学技术史(第三卷数学)[M].《中国科学技术史》翻译小组,译.北京:科学出版社,1978:29—337.

[25] [英]罗素.西方哲学史[M].张作成,译.北京:北京出版社,2007.

[26] [英]乔治·贝克莱.人类知识原理[M].关文运,译.北京:商务印书馆,2010.

[27] 安珑山.论教学制度[J].西北师大学报(社会科学版),2002(3):106—110.

[28] 班固.汉书[M].北京:中华书局,1962:2513.

[29] 曹才翰,章建跃.数学教育心理学[M].北京:北京师范大学出版社,2006:223.

[30] 曹瑄玮,席酉民,陈雪莲.路径依赖研究综述[J].经济社会体制比较,2008(3):185—191.

[31] 曹一鸣,黄秦安,殷丽霞.中国数学教育哲学研究30年[M].北京:科学出版社,2011.

[32] 陈彬莉.教育获得之中的路径依赖[J].北京大学教育评论,2008(4):93—106,190.

[33] 陈声柏.先秦名学与亚里士多德的范畴[J].兰州大学学报,2003(2):73—77.

[34] 陈巍,邹大海.中古算书中的田地面积算法与土地制度[J].自然科学史研究,2009,28(4):426—436.

[35] 陈兴贵.中小学双基教学漫谈[J].人民教育,1979(9):51—52.

[36] 陈真,姚洛.中国近代工业史资料(第一辑)[M].上海:三联书店,1957:8.

[37] 成尚荣.基础性:学生核心素养之"核心"[J].人民教育,2015(7):24—25.

[38] 程贞一,闻人军.周髀算经译注[M].上海:上海古籍出版社,2012.

[39] 辞海(第六版彩图本)[M].上海:上海辞书出版社,1994:253.

[40] 代钦,李春兰.对中国数学教育的历史和发展之若干问题的理性思考——对张奠宙先生的访谈录[J].数学教育学报,2012(1):21—25.

[41] 代钦,李春兰.中国数学教育史研究进展70年之回顾与反思[J].数学教育学报,2007(3):6—12.

[42] 代钦.儒家思想对中国传统数学的影响[D].北京:中国社会科学院,2002.

[43] 代钦.中国的传统数学教学智慧[J].数学通报,2012(8):1—7,16.

[44] 戴小明.中国古代文官制度述论[J].湖南社会科学,1990(1):66—69.

[45] 戴震校.算经十书(一、二、三、四)[M].上海:商务印书馆,1930.

[46] 丁山.古代神话与民族[M].北京:商务印书馆,2015.

[47] 董远骞,董毅青.俞子夷教育实践研究[M].杭州:浙江教育出版社,2008.

[48] 董远骞,施毓英.俞子夷教育论著选[C].北京:人民教育出版社,1991.

[49] 董远骞,张定璋,裴文敏.教学论[M].杭州:浙江教育出版社,1984:126.

[50] 杜成宪,邓明言.教育史学[M].北京:人民教育出版社,2011:73.

[51] 俄罗斯苏维埃联邦社会主义共和国教育部.苏联初等学校算术教学大纲(1950年版)[J].人民教育,1952(5):45—49.

[52] 范良火,黄毅英,蔡金法,等.华人如何教数学[C].南京:江苏教育出版社,2017.

[53] 范良火,黄毅英,蔡金法,等.华人如何学习数学[C].南京:江苏教育出版

社,2006.

[54] 方授楚.墨学源流[M].北京:商务印书馆,2015.

[55] 冯友兰.中国哲学简史[M].北京:北京大学出版社,2013:21.

[56] 高飞.中国古代考试制度简论[J].教育理论与实践,2004,24(8):23—24.

[57] 高时良.学记评注[M].北京:人民教育出版社,1982:6—102.

[58] 高天明.二十世纪我国教学方法变革研究[D].兰州:西北师范大学,2001.

[59] 葛德生.小学算术基础知识教学和基本技能训练[M].南京:江苏人民出版社,1962:1—11.

[60] 顾明远.教育大辞典(第一卷)[M].上海:上海教育出版社,1990:184.

[61] 顾树森.中国历代教育制度[M].南京:江苏人民出版社,1981:276.

[62] 郭沫若.中国古代社会研究[M].北京:商务印书馆,2011.

[63] 郭书春.九章算术译注[M].上海:上海古籍出版社,2009:前言10—22.

[64] 韩书堂.经世致用:中国传统文化与文学的价值取向[J].理论学刊,2007(6):114.

[65] 韩晓玲.中西方人与自然和谐观之比较[J].今日湖北(理论版),2007(6):30—31.

[66] 郝悱,龙太国.试析教学主体、客体及主客体关系[J].教育研究,1997(12):43—47.

[67] 何九盈,王宁,董琨.辞源[M].3版.北京:商务印书馆,2015:3309.

[68] 洪燕君,周九诗,王尚志,等.《普通高中数学课程标准(修订稿)》的意见征询——访谈张奠宙先生[J].数学教育学报,2015,24(3):35—39.

[69] 胡乐乐.我国基础教育质量的国际排名、问题与改进——2015年PISA结果及其对深化我国基础教育改革与发展的重要启示[J].西南大学学报(社会科学版),2018(2):83—93.

[70] 胡适.中国哲学史大纲[M].北京:东方出版社,2012:136.

[71] 胡向东.民国时期关于教育考试问题的三次论争[J].教育与考试,2008(6):35.

[72] 胡晓娟,汪晓勤.古代数学文献中的勾股问题[J].数学教学,2012(12):21—24,38.

[73] 胡忆涛.张家山汉简《算数书》整理研究[D].重庆:西南大学,2006.

[74] 黄伟.教学三维目标的落实[J].教育研究,2007(10):56—57.

[75] 贾文龙,张卓艳.中西方自然观的历史演进及发展愿景探析[J].黑河学刊,2017(1):93—95.

[76] 姜宇,辛涛,刘霞,等.基于核心素养的教育改革实践途径与策略[J].中国教育学刊,2016(6).

[77] 教育部.基础教育课程改革纲要(试行)[J].人民教育,2001(9):6—8.

[78] 金成梁,刘久成.小学数学课程与教学[M].南京:南京大学出版社,2013.

[79] 凯洛夫.教育学[M].陈侠,等译.北京:人民教育出版社,1957:105.

[80] 课程教材研究所.20世纪中国中小学课程标准、教学大纲汇编(数学卷)[G].北京:人民教育出版社,2001:20—355.

[81] 课程教材研究所.新中国中小学教材建设史1949—2000研究丛书(数学卷)[M].北京:人民教育出版社,2010.

[82] 孔企平,胡松林.课程标准与教学大纲对比研究[M].长春:东北师范大学出版社,2003.

[83] 孔企平.从PISA测试反思我国数学教育改革:解决问题比掌握知识更重要[N].光明日报,2017—01—26.

[84] 邝孔秀,宋乃庆.我国双基教学的传统文化基础刍议[J].中国教育学刊,2012(4):46—51.

[85] 邝孔秀,宋乃庆.新课程背景下的小学数学双基教学:现状与反思——基于"国培计划"小学数学骨干教师研修班的调查[J].课程·教材·教法,2013(2):66—70.

[86] 邝孔秀,张辉蓉.双基教学:摒弃还是发展[J].教育学报,2013,9(3):42—48.

[87] 李秉德.教育科学研究方法[M].北京:人民教育出版社,1986:105—136.

[88] 李春兰.试论俞子夷的数学教学法思想[J].内蒙古师范大学学报(教育科学版),2007(12):76—79.

[89] 李春兰.中国中小学数学教育思想史研究(1902—1952)[D].呼和浩特:内蒙古师范大学,2010.

[90] 李迪,代钦.中国数学教育史纲[C]//中日近现代数学教育史.日本大阪:ハンカイ出版印刷株式会社,2000.

[91] 李迪.中国数学史简编[M].沈阳:辽宁人民出版社,1984.

[92] 李迪.中国数学通史:明清卷[M].南京:江苏教育出版社,2004.

[93] 李迪.中国数学通史:上古到五代卷[M].南京:江苏教育出版社,1997.

[94] 李迪.中国数学通史:宋元卷[M].南京:江苏教育出版社,1999.

[95] 李定仁,范兆雄.教学要素与教学系统最优化[J].教育科学,2003(6):18.

[96] 李菊梅.《九章算术》的教育价值[D].上海:上海师范大学,2010.

[97] 李鹏程,罗兵,张燕.对三维目标提法的疑惑[J].四川教育,2004(Z1):62.

[98] 李善良,宁连华,宋晓平.中国数学课程研究30年[M].北京:科学出版社,2012.

[99] 李涛.新中国历次课程改革中的"双基"理论与实践探索[J].课程·教材·教法,2009,29(12):77—86.

[100] 李文林.数学的进化——东西方数学史比较研究[M].北京:科学出版社,2005:60.

[101] 李醒民.科学巨星[M].南京:陕西人民教育出版社,1995.

[102] 李俨.筹算制度考[C]//中算史论丛(第四集).北京:科学出版社,1995:1—8.

[103] 李俨.十三、十四世纪中国民间数学[M].北京:科学出版社,1957:4—6.

[104] 李泽厚.论语今读[M].北京:三联书店,2004:516—517.

[105] 梁贯成.中国传统的数学观和教育观对新世纪数学教育的启示[J].数学教育学报,2001(3).

[106] 梁俊.数学名著的教育价值研究[D].大连:辽宁师范大学,2008.

[107] 梁启超.梁启超论儒家哲学[M].北京:商务印书馆,2012.

[108] 梁启超.梁启超论先秦政治思想史[M].北京:商务印书馆,2012.

[109] 梁启超.中国历史研究法[M].上海:上海古籍出版社,2006:133—138.

[110] 梁漱溟,胡适,等.究元决疑论·名学稽古[M].太原:山西人民出版社,2015.

[111] 梁漱溟.东西文化及其哲学[M].上海:上海人民出版社,2015:62—63.

[112] 梁漱溟.中国文化要义[M].上海:上海人民出版社,2011:17—79.

[113] 刘邦凡.中国逻辑与中国传统数学[D].天津:南开大学,2004.

[114] 刘汉民,谷志文,康丽群.国外路径依赖理论研究新进展[J].经济学动态,2012(4):111—112.

[115] 刘汉民.路径依赖理论及其应用研究:一个文献综述[J].浙江工商大学学报,2010(2):58—72.

[116] 刘汉民.路径依赖理论研究综述[J].经济学动态,2003(6):65—69.

[117] 刘和旺.诺思制度变迁的路径依赖理论新发展[J].经济评论,2006(2):64—68.

[118] 刘久成.小学数学课程60年(1949—2009)[M].镇江:江苏大学出版

社,2011:10—23.

[119] 刘昫.旧唐书:职官志三(卷44)[M].北京:中华书局,1975:1892.

[120] 刘元春.论路径依赖分析框架[J].教学与研究,1999(1):42—47,80.

[121] 卢现祥,朱巧玲.新制度经济学[M].北京:北京大学出版社,2007:471—472.

[122] 吕世虎,20世纪中国中学数学课程的发展(1950—2000)[J].数学通报,2007(7):8—15.

[123] 吕世虎,吴振英.数学核心素养的内涵及其体系构建[J].课程·教材·教法,2017(9):12—17.

[124] 吕世虎.中国当代中学数学课程发展的历程及其启示[D].长春:东北师范大学,2009:24.

[125] 马耀鹏.制度与路径依赖——社会主义经济制度变迁的历史与现实[D].武汉:华中师范大学,2009.

[126] 马云鹏.深度学习的理解与实践模式——以小学数学学科为例[J].课程·教材·教法,2017(4):60—67.

[127] 马忠林,王鸿钧,孙宏安,等.数学教育史[M].南宁:广西教育出版社,2001.

[128] 孟宪承.中国古代教育文选[M].北京:人民教育出版社,1985:57—221.

[129] 苗东升.系统科学精要[M].北京:中国人民大学出版社,1998:27—31.

[130] 南京师范大学教育系.教育学[M].北京:人民教育出版社,1984:376.

[131] 欧阳维诚.试论《周易》对中国古代数学模式化道路形成及发展的影响——兼谈李约瑟之谜[J].周易研究,1999(4):86—96.

[132] 欧阳修.新唐书·百官志三(卷48)[M].北京:中华书局,1975:1268.

[133] 皮连生.教育心理学[M].上海:上海教育出版社,2004.

[134] 钱宝琮.中国数学史[C]//李俨钱宝琮科学史全集(第5卷).沈阳:辽宁教育出版社,1998:99.

[135] 钱曼倩,金林祥.中国近代学制比较研究[M].广州:广东教育出版社,1996:215.

[136] 钱美兰.有效教学理论下的数学双基教学和数学变式教学[J].海峡科学,2015(11):99—102.

[137] 瞿玉忠.正名——中国人的逻辑[M].北京:中央编译出版社,2013.

[138] 邵光华,顾泠沅.中国双基教学的理论研究[J].教育理论与实践,2006(3):48—52.

[139] 沈兼士.中国考试制度史[M].北京:中国和平出版社,2014:扉页.

[140] 圣经[M].上海:中国基督教协会,2009:1—4.

[141] 盛奇秀.唐代明算科[J].齐鲁学刊,1987(2):41—42.

[142] 师曼,刘晟,刘霞,等.21世纪核心素养的框架及要素研究[J].华东师范大学学报(教育科学版),2016(3):29—37,115.

[143] 石海兵,刘继平.天人合一与征服自然——中西自然观的比较[J].辽宁工程技术大学学报(社会科学版),2000(3):79—81.

[144] 时晓虹,耿刚德,李怀."路径依赖"理论新解[J].经济学家,2014(6):53—64.

[145] 史宁中,林玉慈,陶剑,等.关于高中数学教育中的数学核心素养——史宁中教授访谈之七[J].课程·教材·教法,2017(4):8—14.

[146] 史宁中,柳海民.素质教育的根本目的与实施路径[J].教育研究,2007(8):10—14,57.

[147] 史宁中,马云鹏,刘晓玫.义务教育数学课程标准修订过程与主要内容[J].课程·教材·教法,2012(3):50—56.

[148] 史宁中.《数学课程标准》的若干思考[J].数学通报,2007(5):1—5.

[149] 史宁中.史宁中教授解读《数学课程标准》的"目标"及"核心词"[EB/OL].(2012—12—09)[2017—01—05].http://wenku.baidu.com/view/52751bffba0d4a7302763aa7.html.

[150] 史宁中.推进基于学科核心素养的教学改革[J].中小学管理,2016(2):19—21.

[151] 史宁中.学科核心素养的培养与教学——以数学学科核心素养的培养为例[J].中小学管理,2017(1):35—37.

[152] 苏世隆.何谓历史眼光[N].人民日报,2009—06—01.

[153] 孙宏安.《九章算术》思想方法的特点[J].辽宁师范大学学报(自然科学版),1997,20(4):287.

[154] 孙隆基.中国文化的深层结构[M].北京:中信出版社,2015:9—10.

[155] 孙培青.中国教育史[M].上海:华东师范大学出版社,2000:48—155.

[156] 谭戒甫.墨经分类译注[M].北京:中华书局,1981:39—41.

[157] 陶本一.学科教育学[M].北京:人民教育出版社,2002:105.

[158] 陶行知.陶行知教育文选[M].北京:教育科学出版社,1981:18.

[159] 田中,徐龙炳,张奠宙.数学基础知识、基本技能教学研究探索[M].上海:华东师范大学出版社,2003(5):14—18.

[160] 田中,徐龙炳.我国中学数学"双基"教学的历史沿革初探[J].常熟高专学报,1999,13(4):14—17,20.

[161] 童莉,宋乃庆.彰显数学教育的基础性——美国数学课程焦点与我国"数学双基"的比较及思考[J].课程·教材·教法,2007(10):88—92.

[162] 童莉.基于新课程"数学双基"的研究[D].重庆:重庆师范大学,2003.

[163] 涂荣豹,杨骞,王光明.中国数学教学研究30年[M].北京:科学出版社,2011:前言Ⅸ.

[164] 汪潮,吴奋奋."双基论"的回顾与反思[J].课程·教材·教法,1996(12):5.

[165] 汪泛舟.《太公家教》考[J].敦煌研究,1986(1):53.

[166] 汪晓勤,林永伟.古为今用:美国学者眼中数学史的教育价值[J].自然辩证法研究,2004(6):73—77.

[167] 汪晓勤.HPM:数学史与数学教育[M].北京:科学出版社,2017.

[168] 王尔敏.史学方法[M].桂林:广西师范大学出版社,2005:118—184.

[169] 王鸿钧.中国古代数学思想方法[M].南京:江苏教育出版社,1989:40

[170] 王建磐.中国数学教育:传统与现实[M].南京:江苏教育出版社,2009.

[171] 王靖华.西方逻辑史语言逻辑思想概观(之一)[J].逻辑与语言学习,1987(3):37—39.

[172] 王培林.第二次中国教育年鉴(乙编)[Z].北京:商务印书馆,1949:5—6.

[173] 王萍萍.从ACT-R理论看我国的数学双基教学[D].苏州:苏州大学,2007.

[174] 王青建.算经十书与数学史教育[J].内蒙古师范大学学报(自然科学汉文版),2009(5):582—585.

[175] 王权.中国小学数学教学史[M].济南:山东教育出版社,1995:2—290.

[176] 王延文,冯美玲.数学"双基"教学的现状与思考[J].天津师范大学学报(基础教育版),2003(2):35—39.

[177] 王中原."灵魂"的哲学——从灵魂回归的角度阐释柏拉图的"模仿说"[J].西安社会科学,2010(2):7—9.

[178] 魏庚人.魏庚人数学教育文集[C].郑州:河南教育出版社,1991.

[179] 魏庚人.中国中学数学教育史[M].北京:人民教育出版社,1989.

[180] 魏佳.20世纪中国小学数学教科书内容的改革与发展研究[D].重庆:西南大学,2009.

[181] 魏佳.清末小学数学教科书编写:史实与借鉴[J].课程·教材·教法,2009(11):85—88.

[182] 魏徵,令狐德棻.隋书:百官志下(卷28)[M].北京:中华书局,1973:777,789.

[183]　吴庆麟.教育心理学[M].北京:人民教育出版社,1999.

[184]　吴文俊,王志健.中国数学史的新研究[J].自然杂志,1989(7):546—551,560.

[185]　吴文俊.古今数学思想(摘要)[J].辽宁师范大学学报(自然科学版),1986(S1):1—3.

[186]　吴文俊.关于研究数学在中国的历史与现状——《东方数学典籍〈九章算术〉及其刘徽注研究》序言[J].自然辩证法通讯,1990(4):37—39.

[187]　吴文俊.吴文俊文集[C].济南:山东教育出版社,1986:286—287.

[188]　吴文侃.略论现代教学方法系统观[J].外国中小学教育,1997(4):9—11.

[189]　夏征农,陈至立主编.辞海(第六版彩图本)[M].上海:上海辞书出版社,2009:613.

[190]　肖灿.岳麓书院藏秦简《数》研究[D].长沙:湖南大学,2010.

[191]　徐英俊.教学设计[M].北京:教育科学出版社,2001:24.

[192]　徐仲林,谭佛佑,梅汝莉.中国教育思想通史(第一卷)[M].长沙:湖南教育出版社,1994:3.

[193]　许倬云.中国古代文化的特质[M].厦门:海峡出版发行集团·鹭江出版社,2016:6—124.

[194]　学制:奏定初等小学堂章程(未完)[J].浙江教育官报,1909(9):49—53.

[195]　学制:奏定初等小学堂章程(续)[J].浙江教育官报,1909(10):54—58.

[196]　严敦杰.中国数学教育简史[J].数学通报,1965(8):44—48.

[197]　严家丽,王光明.60年来数学双基教学研究反思[J].课程·教材·教法,2010,30(9):63—67.

[198]　燕学敏.《墨经》中的数学概念[J].西北大学学报(自然科学版),2006(1):165.

[199]　杨伯峻.老子·庄子·列子[M].长沙:岳麓书社,1989:1—202.

[200]　杨伯峻.论语译注[M].北京:中华书局,1980:9—134.

[201]　杨辉.算法通变本末·习算纲目[C]//王云五.算法通变本末及其他三种丛书集成.上海:商务印书馆,1936:5—7.

[202]　杨九俊.新课程三维目标:理解与落实[J].教育研究,2008(9):40—46.

[203]　杨青新.隋唐科举制考论[J].南阳师范学院学报(社会科学版),2005(11):86—88.

[204]　杨树森.孔子"正名"思想的提出及其对中国古代逻辑的影响[J].学术论坛,1994(5):72.

[205]　杨卫安.中国城乡教育关系制度的变迁研究[M].长春:东北师范大学

出版社,2012:249.

[206] 杨豫晖,魏佳,宋乃庆.小学数学教材中数学史的内容及呈现方式探析[J].数学教育学报,2007(4):80－83.

[207] 杨豫晖.数学双基教学的发展、争鸣与反思[J].中国教育学刊,2010(5):34－37.

[208] 杨自强.学贯中西——李善兰传[M].杭州:浙江人民出版社,2006.

[209] 尹贻梅,刘志高,刘卫东.路径依赖理论研究进展评析[J].外国经济与管理,2011(8):1－7.

[210] 余文森.从三维目标走向核心素养[J].华东师范大学学报(教育科学版),2016(1):11－13.

[211] 俞子夷,朱蕴畇.新小学教材和教学法[M].瞿葆奎,郑金洲主编.福州:福建教育出版社,2006.

[212] 俞子夷.教授法概要[M].上海:商务印书馆,1917.

[213] 俞子夷.小学教学漫谈[M].上海:中华书局,1931.

[214] 俞子夷.小学算术教学讲话[M].杭州:浙江人民出版社,1954.

[215] 俞子夷.新学制小学课程纲要草案:算术科课程纲要(附表)[J].教育杂志,1923,15(4):5－6.

[216] 俞子夷.一个乡村小学教员的日记(上)[M].上海:商务印书馆,1927.

[217] 俞子夷.一个乡村小学教员的日记(下)[M].上海:商务印书馆,1928.

[218] 俞子夷.怎样做教师[M].上海:中华书局,1941.

[219] 喻平,连四清,武锡环.中国数学教育心理研究30年[M].北京:科学出版社,2011.

[220] 翟玉忠.正名——中国人的逻辑[M].北京:中央编译出版社,2013:8－9.

[221] 张堡.乾-人文年鉴(第一辑)[M].兰州:兰州大学出版社,2004:121－126.

[222] 张斌贤,王慧敏."儿童中心"论在美国的兴起[J].北京大学教育评论,2014(1):108－122.

[223] 张苍,等.九章算术[M].曾海龙,译.南京:江苏人民出版社,2011.

[224] 张楚廷.教学要素层次论[J].教育研究,2000(6):65－69.

[225] 张岱年,程宜山.中国文化精神[M].北京:北京大学出版社,2015:49－138.

[226] 张岱年.中国古典哲学概念范畴要论[M].北京:中国社会科学出版社,1989:自序。

[227] 张奠宙,戴再平.中国数学教学中的"双基"和开放题问题解决[J].数学

教育学报,2005(4):5—12.

[228] 张奠宙,李士锜.数学"双基教学"研讨的学术综述——2002年数学教育高级研讨班纪要[J].中学数学教学参考,2003(1—2):2.

[229] 张奠宙,邵光华."双基"数学教学论纲[J].数学教学,2004(2):2.

[230] 张奠宙,于波.数学教育的"中国道路"[M].上海:上海教育出版社,2013:13—20.

[231] 张奠宙,郑振初."四基"数学模块教学的构建——兼谈数学思想方法的教学[J].数学教育学报,2011(5).

[232] 张奠宙.关于"双基"的创新[J].数学教学,2002(6):42.

[233] 张奠宙.好好研究自己的传统[J].数学教学,2004(5):50.

[234] 张奠宙.话说"数学双基"[J].湖南教育(数学教师),2007(1):4—6.

[235] 张奠宙.建设中国特色数学教育学的心路历程[J].中国教育科学,2015(4):16—17.

[236] 张奠宙.近代数学教育史话[M].北京:人民教育出版社,1990.

[237] 张奠宙.数学教育经纬[C].南京:江苏教育出版社,2003.

[238] 张奠宙.数学双基教学在争论中前行[J].数学教学,2013(3):50.

[239] 张奠宙.谈数学教育研究——兼及"数学双基教学"研究[J].中学数学教学参考,1997(Z1):3—4.

[240] 张奠宙.中国数学双基教学[C].上海:上海教育出版社,2006:1—213.

[241] 张奠宙.中国数学双基教学理论框架[J].数学教育学报,2006(3):1—3.

[242] 张红.我国数学双基教学文化的特色及其继承和发展[J].数学教育学报,2009(6):10—12,22.

[243] 张晋宇,马文杰,鲍建生.数学核心素养系统的演化、结构和功能[J].基础教育,2017(6):67—74.

[244] 张艳.三维目标在教学实践中尴尬处境的归因及对策[J].教学与管理,2015(28):5—8.

[245] 张有德,宋晓平."数学双基"问题的相关研究与思考[J].数学教育学报,2004(4):28—30.

[246] 张煜胤,石俊,葛永祥.论中国数学双基教学的本质内涵[J].科学大众,2007(7):25—26.

[247] 张悦群.三维目标尴尬处境的归因探析[J].江苏教育研究,2009(1):31.

[248] 章建跃.在领悟数学知识蕴含的思想方法上下功夫[J].中小学数学(高中版),2009(12):52.

［249］ 赵春红.论小学数学从"双基"发展为"四基"［J］.考试周刊,2012(67)：72—73.

［250］ 赵婀娜,赵婷玉.《中国学生发展核心素养》发布［N］.人民日报,2016—09—14.

［251］ 赵家骥,俞启定,张汝珍.中国教育思想通史(第二卷)［M］.长沙:湖南教育出版社,1994:470—471.

［252］ 郑毓信,谢明初."双基"与"双基教学":认知的观点［J］.中学数学教学参考,2004(6):2—4.

［253］ 中共中央马克思恩格斯列宁斯大林著作编译局.马克思恩格斯选集(第二卷)［M］.北京:人民出版社,1995:163.

［254］ 中共中央马克思恩格斯列宁斯大林著作编译局.马克思恩格斯选集(第四卷)［M］.北京:人民出版社,1995:732.

［255］ 中共中央马克思恩格斯列宁斯大林著作编译局.马克思恩格斯选集(第一卷)［M］.北京:人民出版社,1995:585.

［256］ 中国基本古籍库［EB/OL］.百度百科,［2016—12—06］.https://baike. baidu. com/item/％E4％B8％AD％E5％9B％BD％E5％9F％BA％ E6％9C％AC％E5％8F％A4％E7％B1％8D％E5％BA％93/5196461? fr＝aladdin.

［257］ 中国社会科学院语言研究所词典编辑室.现代汉语词典(2002 年增补本)［M］.北京:商务印书馆,2003:193—1573.

［258］ 中华人民共和国教育部.九年义务教育初级中学数学教学大纲［S］.北京:人民教育出版社,1992:6.

［259］ 中华人民共和国教育部.九年制义务教育全日制初中数学教学大纲(试用)［S］.北京:人民教育出版社,1992.

［260］ 中华人民共和国教育部.全日制义务教育数学课程标准(实验修订稿)［S］.北京:人民教育出版社,2007.

［261］ 中华人民共和国教育部.义务教育数学课程标准(2011 年版)［S］.北京:人民教育出版社,2012:8.

［262］ 钟启泉,崔允漷.为了中华民族的复兴,为了每位学生的发展——《基础教育课程改革纲要(试行)》解读［M］.上海:华东师范大学出版社,2001:3—29.

［263］ 周金才.中国传统数学的特点［J］.数学教育学报,1997,6(3):9.

［264］ 周云之.试论先秦儒家对逻辑正名理论的发展和贡献［J］.孔子研究,1988(2):13—20.

[265] 朱黎生,沈南山,宋乃庆.数学课程标准"双基"内涵延拓的教育思考[J].课程·教材·教法,2012(5):41—45.

[266] 朱雁,鲍建生.从"双基"到"四基":中国数学教育传统的继承与超越[J].课程·教材·教法,2017(1):62—68.

[267] 专件:奏定学堂章程(本局摘印通行本)——高等小学堂章程[N].四川官报,1904(28):62—71.

[268] 自然科学史研究所主编.中国古代科技成就[M].北京:中国青年出版社,1978:44.

[269] 左建."学而优则仕"思想对中国传统教育的影响[J].南阳师范学院学报,2011(10):101—102.

二、英文文献

[1] Araujo L, Harrison D. Evolutionary Processes and Path Dependence in Industrial Networks[J]. Technology Analysis and Strategic Management,2002(11):5—19.

[2] Arthur W B. Competing Technologies, Increasing Returns, and Lock-in by Historical Events[J]. Economic Journal,1989,99(3):116—131.

[3] Bednar J. Choosing a Future Based on the Past: Institutions, Behavior, and Path Dependence[J]. European Journal of Political Economy,2015,40(Part B):312—332.

[4] David P A. Clio and the Economics of QWERTY[J]. American Economic Review,1985,75(2):332—337.

[5] David P A. Path Dependence, Its Critics and the Quest for Historical Economics[C]//Garrouste P, Ioannides S. Evolution and Path Dependence in Economic Ideas: Past and Present. Cheltenham: Edward Elgar,2001.

[6] Fan L H, Wong N Y, Cai J F, et al. How Chinese Learn Mathematics: Perspectives from Insiders[C]. Singapore: World Scientific,2004.

[7] Fan L H, Wong NY, Cai J F, et al. How Chinese Teach Mathematics[C]. Singapore: World Scientific,2015.

[8] Garud R, Rappa M A. A Socio-cognitive Model of Technology Evolution: the Case of Cochlear Implants[J]. Organization Science,1994,5(3):344—362.

[9] Grabher G. The Weakness of Strong Ties: The Lock-in of Regional

Development in The Ruhr Area[C]//Grabher, G. The Embedded Firm. London: Routledge,1993.

[10] Hausner J, Jesso B, Nielsen K. Strategic Choice and Path Dependency in Post-socialism: Institutional Dynamics in the Transformation Process [M]. Aldershot: Edward Elgar,1995.

[11] Heffernan G M. Path Dependence, Behavioral Rules, and the Role of Entrepreneurship in Economic Change: The Case of the Automobile Industry[J]. The Review of Austrian Economics,2003,16(1):45−62.

[12] Kemp R, Rip A, Schot J. Constructing Transition Paths through the Management of Niches[C]//Path Dependence and Creation. Mahwah: Lawrence Erlbaum Associates Publishers,2001:269−299.

[13] Li J. A Comparative Study of U. S. and Chinese Elementary Mathematics Textbook Teacher Guides[D]. Chicago: The University of Chicago,2004.

[14] Li X. Quality of Instructional Explanation and its Relation to Student Learning in Primary Mathematics[D]. Hong Kong: The Chinese University of Hong Kong,2011.

[15] Li Y. John Dewey and Modern Chinese Education: Prospects for A New Philosophy[D]. Athens: The Ohio State University,2000.

[16] Liebowitz S J, Margolis S E. Winners, Losers & Microsoft: Competition and Antitrust in High Technology[M]. Oakland: Independent Institute,1999.

[17] Ma L. Profound Understanding of Fundamental Mathematics: What it is, Why it is Important, and How it is Attained? [D]. Paloalto: Stanford University,1996.

[18] Mahoney J. Path Dependence in Historical Sociology[J]. Theory and Society,2000,29(4):507−548.

[19] March J G. Exploration and Exploitation in Organizational Learning [J]. Organization Science,1991,2(1):71−87.

[20] Martin R, Sunley P. Path Dependence and Regional Economic Evolution[J]. Journal of Economic Geography,2006,6(4):395−437.

[21] Martin R, Sunley P. The Place of Path Dependence in an Evolutionary Perspective on the Economic Landscape[C]//Boschma R, Martin R L. Compendium of Evolutionary Economic Geography. Chichester, UK:

Edward Elgar,2010:62—92.

[22] Metcalfe J S. Evolutionary Economics and Creative Destruction[M]. London: Rout ledge,1998.

[23] North D C. Institutions, Institutional Change and Economic Performance[M]. Cambridge: Cambridge University Press,1990:12.

[24] OECD(2005). The Definition and Selection of Key Competencies[Executive Summary][EB/OL]. [2017—01—05]. http://www. oecd. org/redirect/dataoecd/47/61/3507367. pdf.

[25] Page S E. Path Dependence[J]. Quarterly Journal of Political Science, 2006(1):87—115.

[26] Pham X. Five Principles of Path Creation[J]. Oeconomicus,2006,8(1): 5—17.

[27] Pierson P. Increasing Returns, Path Dependence, and the Study of Politics[J]. American Political Science Review,2000,94(2):251—267.

[28] Roe M J. Chaos and Evolution in Law and Economics[J]. Harvard Law Review,1996,109(3):641—668.

[29] Schamp E W. On the Notion of Coevolution in Economic Geography [C]//Boschma R, Martin R L. Handbook of Evolutionary Economic Geography. Chichester, UK: Edward Elgar,2009:423—429.

[30] Sorensen A. Taking Path Dependence Seriously: an Historical Institutionalist Research Agenda in Planning History[J]. Planning Perspectives,2015,30(1):17—38.

[31] Sydow J, Koch J. Organizational Path Dependence[J]. Academy of Management Review,2009,34(4):689—709.

[32] The Partnership for 21st Century Skills(2009). P21 Framework Definitions.[EB/OL]. [2017—01—05]. http://www. p21. org/storage/documents/P21_Framework_Definitions. pdf.

[33] Whitehead A N. Essays in Science and Philosophy[M]. London: Rider,1948:132.

[34] Working Group B. The Key Competencies in a Knowledge-Based Economy: A First Step Towards Selection, Definition and Description[EB/OL]. (2002—03—27)[2017—01—05]. http://archivio. invalsi. it/ri2003/moe/sito/docCD/Altri％ 20documenti％ 20Commissione％ 20Europea/key％ 20competencies_27_03_02_en. doc.

三、古籍文献

[1] 班固.汉书(卷八十八·儒林传第五十八).清乾隆武英殿刻本:1355.

[2] 卜商.子夏易传(卷十周易).清通志堂经解本:101.

[3] 程大位.新编直指算法统宗.影印版:7－8.[2017－02－23].http://www.guoxuedashi.com/guji/6020d/.

[4] 大清光绪新法令.清宣统上海商务印书馆刊本:1019－1020.

[5] 高诱.战国策注(卷第三秦一).士礼居丛书景宋本:12.

[6] 韩婴.韩诗外传(诗外传卷三).四部丛刊景明沈氏野竹斋本:17.

[7] 韩愈.详注昌黎先生文集(文集卷十二杂著).文谠注.宋刻本:299.

[8] 何晏.论语集解(卷三·雍也第六).四部丛刊景日本正平本:14.

[9] 何晏.论语集解(卷四·述而第七).四部丛刊景日本正平本:15.

[10] 何晏.论语集解(卷一·为政第二).四部丛刊景日本正平本:3.

[11] 何晏.论语集解(卷一·学而第一).四部丛刊景日本正平本:2.

[12] 孔安国.尚书(卷七·大诰第九周书).四部丛刊景宋本:80.

[13] 李昉.太平御览(卷第三百六十三人事部四).四部丛刊三编景宋本:2225.

[14] 李林甫.唐六典(卷二).明刻本:25.

[15] 李林甫.唐六典(卷二十一).明刻本:193.

[16] 李冶.测圆海镜·原序.影印版:9－10.[2017－03－05].http://www.guoxuedashi.com/guji/59630/.

[17] 李冶.益古演段·自序.影印版:10.[2017－03－05].http://www.guoxuedashi.com/guji/5533h/.

[18] 刘徽.九章算术(卷八).四部丛刊景清微波榭丛书本:80.

[19] 刘徽.九章算术(卷二).四部丛刊景清微波榭丛书本:14.

[20] 刘徽.九章算术(卷九).四部丛刊景清微波榭丛书本:92.

[21] 刘徽.九章算术(卷六).四部丛刊景清微波榭丛书本:54.

[22] 刘徽.九章算术(卷七).四部丛刊景清微波榭丛书本:70.

[23] 刘徽.九章算术(卷三).四部丛刊景清微波榭丛书本:23.

[24] 刘徽.九章算术(卷四).四部丛刊景清微波榭丛书本:29.

[25] 刘徽.九章算术(卷五).四部丛刊景清微波榭丛书本:41.

[26] 刘徽.九章算术(卷一).四部丛刊景清微波榭丛书本:1.

[27] 刘肃.大唐新语(卷十).清文渊阁四库全书本:70－71.

[28] 马端临.文献通考·学校考二(卷四十一).清浙江书局本:724.

[29] 马端临.文献通考·学校考五(卷四十四).清浙江书局本:761—780.

[30] 茅坤.唐宋八大家文钞(卷十昌黎文钞十).清文渊阁四库全书本:86.

[31] 墨翟.墨子(卷十·经上第四十).明正统道藏本:58.

[32] 墨翟.墨子(卷十·经说上第四十二).明正统道藏本:61.

[33] 墨翟.墨子(卷十·经说下第四十三).明正统道藏本:64.

[34] 墨翟.墨子(卷十·经下第四十一).明正统道藏本:59.

[35] 墨翟.墨子(卷十一·小取第四十五).明正统道藏本:68.

[36] 欧阳修.新唐书·选举制(卷四十四志第三十四).清乾隆武英殿刻本:495—496.

[37] 阮元.畴人传52卷(卷第四十七).清文选楼丛书本:394.

[38] 司马迁.史记(卷一百二十二).清乾隆武英殿刻本:1172.

[39] 脱脱.宋史(卷一百五礼志第五十八).清乾隆武英殿刻本:1131.

[40] 魏征.隋书(卷二帝纪第二).清乾隆武英殿刻本:20.

[41] 徐松.宋会要辑稿·崇儒三.稿本:2782.

[42] 荀况.荀子(卷十六·正名篇第二十二).清抱经堂丛书本:164.

[43] 荀况.荀子(卷十五·解蔽篇第二十一).清抱经堂丛书本:159.

[44] 佚名.算学源流.宋刻算经六种本:2—3.

[45] 赵汝愚.诸臣奏议(卷九十一礼乐门).宋淳祐刻元明递修本:886.

[46] 郑玄.周礼疏.清嘉庆二十年南昌府学重刊宋本十三经注疏本:320.

附　录

小学各年级算术基础知识教学和基本技能训练应达到的要求①
（一年级至三年级）

年级要求内容	一上	一下	二上	二下	三上	三下
数及数的计算（整数、小数、分数、百分数）	1. 认识一、十是计数单位。理解十由十个一组成，十几由一个十和几个一组成，理解和掌握10以内的各数的组成，知道20以内数的大小。熟练地数读、写20以内的数。 2. 初步知道加、减法的意义，减号，会用加减符号，会写加减算式题。 3. 初步知道两个数相加、减它们的位置，得数仍相加，初步知道一个数与0相加，得数还是这个数，相加没有剩余，用0表示。	1. 会口算与笔算20以内进位加法，退位减法。理解和掌握100以内加几，能够熟记进位加法口诀，会加及加法说出得数。 2. 理解二十几是几十和几，几十由几个十组成，百由十个十组成，认识、读、写100以内的数。 3. 能够熟练地口算20以内不进位加法以及相关的连加、连减、加减两步计算题。 4. 初步知道两个数相加以及相差的连加、连减、加减两步计算式题。	1. 进一步理解加、减法运算意义。减法100以内加、减，并能够熟练地进行计算。会口算100以内几十几加、减一位数，整十、整百数加、减几十几，知道两个数相差多少。 2. 初步知道0加0仍得0，0减一个数仍得那一个数，先指出算理，试题里面的算理里面的。 3. 理解乘法意义，会用乘法，认识和熟记乘九九口诀，遇到任何两个一位数相乘，能够很快地说出得数。熟练地乘法，减乘，连乘两步计算式题。	1. 理解除法意义，等分除义。知道含除法的区别。知道求一个数的几分之一，一个数的倍数关系。会求一个数的几分之一是多少，认识一个数的几倍，会用除法，认识和会用除号，会求两个数相差几。 2. 初步知道乘法的名称，部分的名称。 3. 掌握乘法口诀，会笔算乘法，并能够熟练地进行计算。会计算乘加、减除，减乘，连除两步计算式题。	1. 认识百、千、万、十万、百万、千万、亿都是计数单位。理解由十个万千、万由十个千组成，万由十个百组成……亿由十个千万组成，知道多位数的数位顺序，读、写多位数，认识多位数的数。 2. 理解和掌握多位数加减法则，并熟练地进行计算。 3. 明确四则运算、余数的概念。理解运用加、减乘，乘除的法则。会口算多位数一位数加、减，乘除。 4. 初步知道0和任何数相乘，积都得0。会（被除数末尾有0的除法，用位数较少的作乘数。熟练地乘加减，加减乘除，连乘，连除两步计算式题。	1. 理解和掌握多位数用十、百、千乘，理解由十个十组成，万由十个千组成，熟练地进行口算。 2. 理解和掌握用多位数除多位数的笔算方法，并能够用多位数的规律进行计算（知道如何试商和定商），能初步进行计算规律。 3. 会简便计算，末尾有0的乘数。熟练地进行多位数连乘、连除，乘除及三步计算题的混合运算。

---

① 葛德生. 小学算术基础知识教学和基本技能训练[M]. 南京：江苏人民出版社，1962：10—11.

（续表）

年级要求内容	一上	一下	二上	二下	三上	三下
比和比例						
量的度量	认识元、角、分，知道1元=10角，1角=10分	1.认识米和厘米的实际长度，知道1米＝100厘米。初步会用米及厘米为单位测量长度。2.认识市尺、寸，知道1市尺和1市寸的实际长度，知道1丈、1米＝3市尺，知道1米，市、市间量长度。会用尺量度长度	1.认识案秤和杆秤。初步会用案秤和杆秤称东西。知道1公斤=2市斤，1市斤=10市两。会称简单的市斤、市两。2.会称简单的公斤、市两间的简单换算	1.认识钟表上的时针、分针，会看钟表上指的是什么时间，会在钟表上表示一定时间。2.知道1时=几分，分等时间，初步建立时间观念	1.认识常用公制长度单位（公里、米、分米、厘米、毫米）及实际长度，知道这些长度单位间的进率。认识常用重量的重量单位（吨、公斤、克），知道这些重量单位间的进率。2.认识常用长度单位、重量单位的简单换算，会公、市制长度单位、重量单位的简单换算	
几何初步知识	认识几种常见的几何形体（三角形、正方形等）的形象，能说出这些几何形体的名称		认识几种常见的几何形体（圆、正方体等）的形象。能说出这些几何形体的名称			
简单统计图表						
应用题	1.会解答求两个数合并在一起的加法应用题，求剩余的减法应用题，并写出加法和减法的计算式子，及已知数和得数的单位名称，能口头说出答案。2.能够切补地这些加减法应用题。会自编这类简单应用题或条件。会自编这类简单应用题件	1.会解答求一个数比另一个数多少的加减法应用题，求一个数的减法应用题。会口头叙述加减法应用题名称，会写出加减法计算式子，得数和得数的单位名称。会自编这类应用题件。2.能够确切地补充"求一个数比另一个数多几"的应用题的减法应用题或条件。会自编这类应用题	1.会解答求两个数相差多少的减法应用题。理解减法应用题的意义，理解乘法应用题的意义。2.会解答两种基本类型的乘法应用题（求几个相同加数的和；求一个数的几倍是多少）	1.会解答四种基本类型的除法应用题（把一个数平均分成几份，求一份是多少、求一个数里包含几个几、求一个数是另一个数的几倍、求一个数的几分之几是多少）。2.会解答两种基本类型的乘除两步应用题，独立正确地讲解应用题意。能口述（或书写）两步计算的应用题计划	1.进一步熟练解答在低年级已经学过的简单应用题和初步会分步计算两步应用题。2.会分步解答应用题（先求少儿的数，再求它与多儿的和，把已知数连除）。会算有求少个数的和。会算用已知数连一法之间的应用题。会分步解答两步计算应用题	1.熟练地分步解答两步至三步计算的应用题（比已知的数组成的数组相加的和或求差，求两积的和或差，求商间）。2.理解和掌握速度、距离、时间三者之间的关系，会解答相向中求距离、求时间的应用行程问题中的应用题

（四年级至六年级）

年级要求内容	四上	四下	五上	五下	六上	六下
数及数的计算、小数、百分数（整数、小数、分数）	1. 理解和掌握用三、四位数除多位数的笔算法则，能够熟练地进行四则计算。掌握乘、除法的验算方法，除法中交换被除数和商进行验算（并会验算有余数的除法）。 2. 会乘法的几种简算法（把两个一位数的积改成两位数乘法）。会用连减法计算（被除数连续减去两个一位数）。用乘数的积改成两个一位数连乘法计算。 3. 理解和掌握括号式中有小括号的（也会语序式中有小括号的）。会脱式子。	1. 熟练地按运算顺序进行四则运算，写运算等式。 2. 对某些四则运算式题的近似值计算（一个数加、减接近整百数的几个数和乘数做除算（并会用乘法的简便计算）。会连除数进行简便计算。运算定律、性质进行简便运算。	1. 理解和掌握十进制计数法系统，认识十、百、千……万、……千亿、兆接近数……千亿的级数的大小及数位顺序。会熟练地读多位数，会用万等字符号。 2. 理解和掌握数和减法、乘法、除法之间的关系，知道两个因数与积之间的关系、被除数减数与差之间的关系、除数商与积之间的关系。当已知其中两个数会根据这些关系求出第三个数和能利用它们进行简便计算。 3. 理解乘数中间、末尾有0的乘法，和被乘数、乘数末尾都有0的乘法，以及被乘数中间有0的除法（被除数中间、末尾都有0的，把商数改成两个一位数的积和连除法计算。 4. 相当熟练地用横式直接写出加、减法的得数，整十、整百、整千数的加、减法，以及一位数乘两位数和两位数乘一位数的积。 5. 进一步熟练掌握运算顺序和混合式计算，会计算有大、小括号的算式（多至六步计算的式题）。	1. 理解和掌握小数的意义与性质。认识十分位、百分位……千分位，会分别小数的大小。会熟练掌握小数的读法、写法。认识小数点并知道掌握小数点位置的移动所引起小数值的变化规律。会根据小数点的变化把小数扩大或者缩小十倍、百倍、千倍…… 2. 能够熟练地把小数与分数相互改写，知道名位数改写成以万或亿作单位数。 3. 理解小数四则计算的意义和法则，并能够熟练地进行计算。 4. 理解小数四则运算顺序与运算定律一样，知道加法交换律和乘法的交换、结合律推广到小数加法和乘法计算。熟练地进行小数四则混合运算。	1. 理解约数、倍数、公约数、最大公约数、最小公倍数、质数、合数、质因数的意义。会掌握能被2,5,3整除的数的特征。会解质因数。会求最大公约数和最小公倍数。 2. 理解分数的意义。明确分子与分母、分数单位。认识真分数、假分数、带分数、整数。会把假分数与带分数进行互换。 3. 理解和掌握分数的基本性质。会熟练进行约分和通分。知道小数与分数的关系，并会相互改写。 4. 理解分数四则运算的意义和法则，并能够熟练进行运算。理解分数四则运算顺序一样，会把整数加法交换律、结合律推广到分数的加法、乘法计算。熟练地进行分数四则运算、整数四则混合运算。	1. 理解繁分数的意义。知道繁分化简的方法，能够熟练地应用四则混合运算方法。小数混合运算进行分数、熟练地进行四则混合计算。 2. 理解百分数的意义。会读、写百分数，使用百分号（%），小数与百分数之间的关系，能够熟练地把分数、小数化成百分数。熟练地进行百分数与分数和小数的互化。 3. 熟练地进行百分问题的计算。

（续表）

年级要求内容	四上	四下	五上	五下	六上	六下
比和比例						1. 理解和掌握比的意义和性质。认识比的前项、后项、比号,理解比值、连比、比的概念。会求比值。理解和掌握比例的意义和基本性质。认识比和比例的内项、外项。会熟练地解比例。会辨别某两两数和量是否成比例关系。 2. 理解"相关联的量"的含义。理解成正比例的量、正比例关系和成反比例的量、反比例关系等概念,并能够加以判断。 3. 理解图上距离、实际距离,比例尺三者关系,能初步应用比例尺
量的度量	1. 比较系统地掌握公制长度量、容量量、容重量,并能熟练地进行化聚,并能熟练地进行化聚和公、市制的换算。会用直尺、秤、量筒(升)度量。 2. 理解和掌握公制计量的四则计算方法,并能熟练地进行计算	1. 系统地掌握时间单位(世纪、年、月、日、小时、分、秒)及其进率。能熟练地进行化聚,进行时间单位复名数四则计算。 2. 读得一些初步计算法常识;周年的计算法;普通计时法;0时到24时的计时法				

162

（续表）

年级要求内容	四上	四下	五上	五下	六上	六下
几何初步知识		1. 认识直线，会用直尺和铅笔在纸上画直线，会使用直尺、卷尺、绳子等测量距离，并能将测量结果按比例在纸上画和测的步骤和距离。具有初步的步测、目测能力。 2. 认识角、直角和垂直角，认识角的顶点和边。初步知道直角大小与边长无关。会用三角板在纸上画直角。 3. 掌握长方形和正方形的特征。认识长方形和正方形。理解长方形和正方形周长的意义，能熟练地计算长方形和正方形的周长。 4. 理解面积和面积单位概念。掌握面积、市制面积单位及其进行化聚和换算。理解和掌握长方形、正方形面积计算的公式，会按公式熟练地计算长方形和正方形的面积。 5. 掌握公、市制面积单位及其进率、换算率，并能熟练进行化聚和换算，以及把土地面积算成地面积		1. 能移行在地面上测定直线、测量距离，并能将测量结果按比例在纸上画。 2. 认识直角、锐角、钝角，知道用大小改定于两条孫边及开的角的程度。会使用量角器量角的度数和作指定度数的角。 3. 认识四边形的特征。掌握直角三角形、锐角三角形、钝角三角形和等边三角形。会画四边形的底和高。认识三角形的底和高。 4. 理解平行线的概念。掌握平行四边形面积计算的公式，并能按公式熟练地计算它们的面积。理解、掌握三角形面积公式，会计算三角形的面积。 5. 掌握、认识长方体的特征，理解表面积，正方体的表面积、概念和体积，明确了解体积与容积的关系。 6. 理解与掌握长方体和正方体体积单位换算的进率，熟悉换算，会熟练地计算它们的体积（答积）。		1. 掌握梯形的特征，认识梯形的高、腰、上底、下底、中位线。理解与掌握计算梯形的公式，能按公式熟练地计算梯形的面积。 2. 认识圆，理解圆心、直径、半径，圆周长等名词的含义。知道直径与半径的关系。会画圆，会读、写、用"π""r"等字母。 3. 理解和掌握计算圆周长和面积的公式，会熟练地计算圆的周长和面积。理解和掌握计算圆的面积及不规则图形的面积的近似值。 4. 认识圆柱和圆锥，认识圆柱的侧面积，会熟练地计算圆柱的侧面积和体积，掌握计算圆柱的公式，会按公式熟练地计算圆锥体积

（续表）

年级要求内容	四上	四下	五上	五下	六上	六下
简单统计图表						会看和制作简单统计表和统计图（条形统计图、折线统计图、扇形统计图）。
应用题	1.熟练地分步解答两步至四步计算的应用题。会列综合算式解答比较容易的两步至三步计算的应用题。2.会解答求平均数的应用题，按比例分配的应用题	1.熟练地解答两步至四步计算的应用题，熟练地列综合算式解答比较容易的两步至三步计算的应用题。2.会解答比较容易（植树）问题，正方形、长方形的面积的应用题及长方形、正方形面积的应用题	1.会解答和倍问题，比较复杂的求平均数的应用题。2.进一步熟练解答已经学过的应用题，能正确地说出应用题条件和问题，分析数量之间的关系，能综合运用已学过的知识技能解答比较复杂的应用题以及实际问题	1.会用小数计算解答已经学过的各种应用题。2.会解答计算平行四边形、三角形面积，长方体、正方体（容积）的应用题表面积、体积，并能综合运用这些知识技能解答实际问题	1.能够熟练地解答用分数四则计算的应用题。2.能判别已知总数求它的几分之几是多少（用分数乘法解答），已知总数的几分之几是多少，求总数几分之几是多少，求总数（用分数除法解答）应用题	1.能够分析百分数三种计算问题和事件进行解答，并能熟练地进行解答。2.会解答正比例、反比例，含有比例形式的正比例应用题。3.会解答计算梯形面积，圆的周长和面积，扇形、环形、圆柱的侧面积和体积、直圆锥的体积的应用题，能综合解答比较复杂的应用，用已知的知识技能解复杂的应用问题及实际问题

后 记

  2018年,我的"不惑"之年,书稿终于画上圆满句号。回首写作历程,恩师的引领、同行的启迪、单位的支持、家人和朋友的关怀……历历在目,心怀感恩。

  感谢我的博士生导师孔企平教授,从书稿选题、初稿形成、修改、再修改、定稿,都给予我无私的帮助和指导,令我醍醐灌顶,对写作有了更深刻的认识和更宏观的把握;感谢我的硕士生导师张彬教授,在书稿的修改过程中,从史学研究角度提出了专业建议;感谢我的外国导师安淑华教授,在美国访学期间的学习和研究经历,开拓了我的国际视野;感谢浙江大学田正平教授,您的肯定和鼓励给了我莫大的信心。感谢在华东师范大学求学期间遇到的良师们:王建磐教授、喻平教授、邵光华教授、徐斌艳教授、熊斌教授、汪晓勤教授、鲍建生教授、裴新宁教授、刘良华教授、崔允漷教授、吴刚平教授、阎光才教授、胡惠闵教授、王斌华教授、杨向东老师、安桂清老师、朱雁老师、程靖老师……你们渊博的学识、鲜明的观点和深厚的修养激励着我,加深了我对教育问题的理性思考。同时,感谢与我共同学习、讨论、生活的同窗益友们,你们的高质量陪伴为我输送着源源不断的智慧。

  感谢数学教育领域的同行。在书稿写作期间,先后访谈了数学教育领域的国内外专家:蔡金法教授、黄荣金教授、李业平教授、李旭辉教授、Mrs. Nyquist、Mr. Platis、Mrs. Elizabeth、王华老师、林碧珍教授、涂荣豹教授、刘坚教授、吴仲和教授、安淑华教授、顾泠沅教授、史宁中教授和张奠宙教授,你们关于中外数学教育高屋建瓴的观点和睿智深入的分析带给我无穷启迪,在此表达我崇高的敬意和真诚的感谢!

  感谢单位领导、同事和学生们。感谢学院领导们的关怀,并且资助书稿出版;感谢同事们的友好和中肯建议;感谢我的学生们,你们的理解和支持是我的动力来源。

  特别感谢我的家人和朋友。写作期间,经常沉浸在书稿中,顾不上照顾家庭。感谢我的母亲,无怨无悔地为我们操劳;感谢我的爱人马旭,永远无条件地包容我、关爱我;感谢我的儿子马睿涵,小小年纪就能理解我,并健康、阳光、自立地成长,给了我最大的慰藉。还有,感谢我的亲朋好友,你们的问候和祝福,令我在无数个创作的日日夜夜,感觉温暖。

特别感谢浙江大学出版社石国华老师,善良热情、兢兢业业、思虑周全,为书稿问世费了不少心血。与您边谈书稿边品小青柑的情形仍历历在目,至今回味无穷……

最后,感谢我的作品!写作过程是一个不断学习、思考和成长的过程,这个过程不但拓展了我的学术思维,打开了我的学术视野;而且丰厚了我的人生体验,增进了我的人生意义;更为重要的是,这部作品让我在"不惑"之年遇见了更好的自己!

陈近

2018 年秋日